福清市文化体育和旅游局组织编写

文化福清

# 山水福清

林浴生　严家梅◎编著

WUHAN UNIVERSITY PRESS
武汉大学出版社

图书在版编目（CIP）数据

山水福清/林浴生，严家梅编著．—武汉：武汉大学出版社，2015.12
文化福清
ISBN 978-7-307-16719-3

Ⅰ．山…　Ⅱ．①林…　②严…　Ⅲ．名胜古迹—介绍—福清市
Ⅳ．K928.705.74

中国版本图书馆CIP数据核字（2015）第204757号

责任编辑：王小倩　　郭　芳　　责任校对：方竞男　　　　装帧设计：张希玉

出版发行：**武汉大学出版社**（430072　武昌　珞珈山）
　　　　（电子邮件：whu_publish@163.com　网址：www.stmpress.cn）
印刷：武汉市金港彩印有限公司
开本：787×1092　　1/16　　印张：7.75　　字数：158千字
版次：2015年12月第1版　　　2015年12月第1次印刷
ISBN　978-7-307-16719-3　　　　定价：52.00元

福清，雅称"玉融"，位于我国东南沿海，西北、东北、西南分别与永泰、闽侯、长乐、莆田接壤，东临福清湾，隔海坛海峡与平潭相望，南濒兴化湾。

福清全境总面积2429.76平方千米，东西最宽处相距46.5千米，南北最长处相距53.5千米，陆地面积1518平方千米，耕地面积约346.5平方千米，海域面积911.52平方千米，有613.3平方千米为浅海滩涂。海岸线长348千米，占福建全省海岸线总长的15%，有大小岛屿141个，是一个襟山带海的滨海地区。

福清地形以低山丘陵为主，山地面积占全境80%以上。山脉为福建省中部最大的山脉——戴云山脉向东延伸的支脉，山峦重叠，海拔多在500米左右，其中罗汉山、齐云山、后溪山等的海拔超过800米，最高峰古崖山尾海拔1000.3米，雄踞在福清、闽侯、永泰三县（市）交界处。全市地势西北高、东南低，龙江、迳江、渔溪、大坝溪、三叉河等均东流入海，分别注入福清湾和兴化湾。

福清气候属南亚热带海洋性季风气候。夏季长而较热，冬季短而温和，冰雪罕见，降水丰富。年平均气温为20℃，平均日照时数达1778小时以上，霜日较少，沿海几乎终年无霜。年均降水量在1500毫米左右，其中80%降水集中在每年的4—10月。夏季多偏南风，冬季多东北风。春夏间有短期的梅雨，夏秋常有台风，雨热同期，有利于农作物生长。

福清地质属中国东南沿海华夏古陆地质区域的一部分。中生代的侏罗世和白垩世，曾发生多次强烈的地壳运动和火山活动，火成岩广泛喷发和花岗岩侵入，造成了多山多石的地貌。福清地层发育不全，地质构造十分复杂，大面积分布中生代火山岩和盐山期种类侵入岩，动力变质现象十分普遍。

福清植被类型属亚热带阔叶林带，从西部一都、东张至城郊地区属闽中戴云山—鹫峰山常绿槠类照叶林小区，原始森林分布广泛。由于长期无规划地采伐，原生植被多已被破坏，仅留有小片孑遗。现存的仅为次生常绿阔叶林和大量人工林，但植被茂密，生长良好。主要乔木有：杉木、柳杉、油杉、樟树、楠木、檫树、米楮、木荷、油桐、油茶、青冈栎、红豆杉、相思树等，还广泛分布着毛竹和笋竹。中部山地由于人为活动历史悠久，原始植被

严重破坏，现仅有大片人工树林，主要乔木有：杉木、柳木、油茶、马尾松、湿地松、小叶桉、相思树等。沿海一些地区由于风大、土瘠，溪海、沙滩多，仅生长人工栽种的黑松、马尾松、相思树、木麻黄等。由于近年来民间饮食燃料改为气、煤，各地山野灌木生长旺盛，全市植被覆盖率达70%左右，居全省前列。

由于福清背山面海，山多田少，气候温湿，植被丰茂，山区山清水秀，沿海海蚀严重，造就了众多风光殊异、环境宜人、人文荟萃、闻名遐迩的风景名胜。最著名的有石竹之峻、灵石之幽、黄檗之翠、瑞岩之秀、福庐之奇、大化之险、万石之绝等。自古就引来四方游展。而今，随着对旅游资源开发的重视，不仅旧貌重现，还新开辟了许多山海风景名区和各种园林景观，为福清人的美好生活增添色彩，同时吸引了八方游客纷至沓来，共享有福之地的绮丽风光。

# 目　录

## ◎ 园林风情 /67

## ◎ "玉融十二景"新识 /97

# 【山岳风光】

福清襟山带海，境内多低山丘陵，山地约占市域面积的五分之四。连绵逶迤的山岭上，多奇石怪岩，人物鸟兽无不惟妙惟肖，浑然天成，各具其异。且林木苍郁，山溪清幽，风光殊异。域内名山各具其娇，石竹之峻，灵石之幽，黄檗之翠，瑞岩之秀，大化之险，万石之绝，皆闻名遐迩。名山又多千年古刹，自古引得文人骚客诗兴大发，流连忘返。

# 第一节 石竹山风景区

石竹山位于市区西郊 10 千米处，属闽中戴云山脉支脉齐云山南段，以石奇竹秀而得名，主峰状元峰海拔 534 米。这里夏无酷暑，冬不严寒，年均气温 19.7℃。景区内奇峰叠翠，平湖如镜，是游览的好去处。

明代大旅行家、地理学家徐霞客于明泰昌元年（1620）六月中旬慕名游览石竹山，他在游记中记述："闻宏路驿西十里，有石竹山，岩石最胜，亦为九仙祈梦所，闽有'春游石竹，秋游九鲤'语，虽未合其时，然不可失之交臂也，乘胜遂行……"石竹山的景色得到徐霞客的赞赏。

山中景点甚多，大多数景点分布在山的西侧，这里小路盘旋，怪石嶙峋，有一线天、紫云洞、桃源洞、通天洞、日月洞、摘星台、化龙窝、鹤影石、蓬壶石、鸳鸯石、棋盘石、龟蛇石、蟠桃石、仙床、天桥等。山的东侧，在悬崖绝壁处有叶向高的题刻"洗耳泉"，还有叶向高曾经留宿读书的石洞，名曰"留题洞"，俗称"牛蹄洞"，洞壁也有叶向高的诗刻。

东张水库是景区重要组成部分，为福清第一大人工湖，面积 15 平方千米，库容量 1.8 亿立方米。每当风和日丽，平湖十里，碧水如锦，烟岚相融，绮丽如画。湖中有一小岛，名曰"鲤鱼岛"，岛上枯藤老树，山兔嬉戏，妙趣横生。从石竹山半山腰往下俯瞰，小岛宛如巨鲤卧波。从前，石竹山脚下有一条溪流，名曰"无患溪"，沿东张古镇蜿蜒而东。1958 年，福清人民在

这里拦溪筑坝，建成了东张水库。状元峰旁边另有一座小山峦，现几乎被湖水淹没，仅露出山巅，呈鲤鱼状，它就是鲤鱼岛。乘汽艇登鲤鱼岛，只见岸边竖有一块石碑，虽经风蚀浪摧，但其上所刻"化龙"二字依然清晰可辨，据说是四百多年前叶向高的手书。如今，千年传说的鲤鱼，在碧波荡漾中化龙而去，这诗情画意的美景真教人流连忘返。

在鲤鱼岛上仰望石竹山主峰状元峰，山峰呈等腰三角形，恰似一座翠绿的金字塔屹立在湖边。向东南方望去，与石竹山相对的是鲤尾山，山巅耸立着一座七级石塔，塔门顶上石刻"紫云宝塔"四字。在金色的朝照之下，柔长的宝塔身影倒映在浅蓝的湖面上，别有一番景色。而从水库大坝坝堤上登鲤尾山探访紫云宝塔，要整整徒步行走2小时，一路上古松成荫，荆花丛生，美不胜收。

状元峰下的狮子岩，悬崖峭壁，绿树茂密，烟雾缭绕，横枝如虬，远眺狮子岩，活脱脱一副雄狮形状，因而得名。山中曾设有著名高僧隐元禅师诵经布道的场所，现在开辟了新景观，岩下一片空阔的平地，依次建有辽天居、慈航宫、五显宫三座建筑，呈"一字"排列。两旁添建住宿楼和食堂，为游客食宿提供方便。屋前一处大盘石，上辟一水池，群鱼戏水，情趣盎然。下至半山腰，矗立着一座观音立像。

石竹山素有"雅胜鼓山"之称。景区内的石竹山道院更令人景仰。"祈梦之所"是石竹山宗教文化的一大特色，人称"中华梦乡"。从2008年起，这里每两年举办一届"石竹山梦文化节"。梦文化节安排许多富有风俗乡情的文化艺术节目及丰富多彩的宗教文化活动，吸引了很多海内外游客。

山南麓半山腰悬崖峭壁之上，构筑着碧瓦红墙、结构精巧的古建筑群——石竹寺，犹如空中楼阁，蔚为壮观，从而平添了石竹山的仙境神气。

石竹寺，现名"石竹道院"，创建于唐太中元年（847），原名"灵宝观"，北宋宣和三年（1121）改名"灵宝道观"。南宋乾道九年（1173），丞相史浩重修，曾经将其改为佛寺，故又名"石竹禅寺"。明万历四十四年（1616），叶向高与举人石映斗募建观音阁和僧房。两年后，举人董大理重建九仙楼。民国元年，重建仙君楼、天宝阁等。1983年，爱国华侨捐建新的进山大门、凉亭多座，修复了寺院。其中，仙君楼为主殿，是信士们祈梦之所。

文昌阁始建于明万历二十九年（1601），早毁。1997年移建在仙君楼西侧的桃源洞前，依山取势，雄伟高大，阁中供奉孔子和朱子雕像。阁东、西两侧，分别是道教的"斗姆殿"和"元辰殿"。

石竹山是一处释、道、儒三教合一的宗教活动场所，保存了历史悠久的文化遗产。古往今来，许多名人到此游览，留下了30多处摩崖石刻。

石竹山相传为九仙显灵处，祈梦最为灵验，享有"中华梦乡，石竹仙山"之美誉。1987年被列入"福建省首批十大风景名胜区"，2001年被列入"国家首批水利风景

区"，2004年获评国家4A级旅游风景区。

【状元峰】石竹山最高峰，海拔534米。上有巨石一方，大若楼舍，上留有蛤蛎壳，故名"蛎房石"，又名"沧海石""天宝石"，是海陆变迁、沧海桑田之物证。登状元峰，福清市区尽收眼底，晴日可见龙江入海之美景。

【一片瓦】又名"观音崖"，在石竹山东磴道半山处，有巨石凌空伸出，如瓦如檐。有古时所建半山亭，左侧悬崖上有仙游人徐鲤九书"石竹"二字行书题刻。

【牛蹄洞】在石竹山东磴道右侧，一石如巨大无朋之牛蹄，石下有洞可通小路，故得名。石上刻有明万历年间邑人、内阁首辅叶向高诗一首："嶙峋石竹插青霄，病起欢从胜友招。萝径曲穿云外洞，松门斜接涧边桥。苍崖月冷仙坛静，碧海天空鹤驭遥。一自名山传梦后，而今玉带愧横腰。"言其携友游山，进士及第前仙公早就托梦于他。因此此洞又名"留题洞"。

【鹤影石】在石竹山西磴道左侧，有石耸立天际，每当午时，中天红日高照，石壁上即现出舞鹤之影，故得名。

【双鲤石】在鹤影石之上，有两块小石，形似跃鲤，据传乃山下无患溪里吃了仙丹的赤鲤欲跃龙门化龙而去，只因功德未满而留在人间，化为双石。从另一角度看，

双石又似两只栖息的鸳鸯，又称鸳鸯石。

【出米石】在石竹寺下方，有巨崖一片，石上有一拳大小的圆窦。传说这个圆窦原本较小，每日流出白米恰够寺中僧众食用。时有贪心小僧嫌出米太少，夜间偷偷把圆窦凿大，却因此破坏了灵性，从此再也流不出白米来，仅留下圆窦以警示众人。

【玉女石】又名"仙女岩""龙女岩"，在石竹寺西侧。有石亭亭玉立，春夏间山岗起伏，若隐若现，犹如仙女下凡，故名。石顶有不足2米见方的小平台，台围似石栏，可供游人登临，因与天交接，故称"摘星台"。

【醉石】在玉女石北侧仅隔数米远处，有石如醉翁侧卧在山崖上，故得名。古人有诗叹之曰："山中有石如人醉，市上多

人似石顽。如醉似顽何必问，乾坤都在是非间。"

【渡仙桥】又名"仙桥"。在醉石与玉女石之间有宽仅容足长、长约2米的石桥，相传为仙人升天处。民间有过仙桥祈福得福，求嗣得嗣的传说，故成为游人必到之处，是石竹山标志性景点之一。

【蟠桃石】在石竹山西蹬道上，有石

6

形似蟠桃，石下有洞，洞中原有一潭泉水，传为仙人镇宝于此，故又名"宝所石"。现泉水干涸，仅留巨石。

【紫云洞】在石竹寺侧上方，是石竹山第二大洞，相传林晃真人在此炼丹济众，紫气绕石。洞内有林晃真人泥塑像，洞外石刻有"紫云"二字。

【桃源洞】在石竹寺上方，是石竹山第一大洞，深约8米，宽约3米，高约3米。洞口有"武陵谷口"题刻。相传为何氏九仙静修处。现因石竹寺改建，抬高地面，洞口部分为之掩蔽。

【一线天】在石竹山西磴道上，有巨石耸天而立，中间若被斧劈成的一条宽仅半米的缝隙，游人在此抬头望天，天仅一线。石隙上方有一巨石嵌在缝中，似欲坠落，令人胆寒。

【三重檐】在石竹山西磴道上方，有巨崖伸出三叠，一叠更比一叠高悬，游人过此，晴不见日，雨不见湿，若屋舍之三重檐，故得名。

【狮子岩】在石竹山西侧，山势奇绝，远眺若雌雄二狮，故得名。狮子岩下有悬崖如壁立，崖壁山石破碎皱褶，似行云流水，若亭台楼阁，称"翠石屏"。狮子岩顶有泉自石罅出，喷射如珠，称为"掷珠泉"。现狮子岩下建有狮岩堂、辽天居等一组仿古建筑，可供游人憩息、食宿。

【虎迹岩】在石竹山下，相传为林晃真人骑虎升天处，石上留有老虎驮真人升天时的爪迹，故得名。

【伏虎石】在三清殿附近，一石如卧虎，头、眼、口、鼻栩栩如生，石上斑纹若虎毛，相传为林晃真人用神法降伏的猛虎，化为石，故得名。

石竹山现有上山通道四条，分别为东磴道、西磴道、狮子岩磴道和上下山索道。游人从东张水库管理处，可分别借助索道或乘坐缆车上山，十分方便。

清乾隆版《福清县志》卷之二《地舆志·山》记载：

石竺（竹）山，在永寿里，去县二十三里。山势笼嵷，其巅有石巍然，上粘蛤蛎壳。其产少竹而多笋，春夏之交，乡人于此采笋，欲多则不可得，名洛贫笋。山上有紫磨峰、狮子峰、象王峰、普陀岩。昔梁时林真人炼丹于此，丹成骑虎上升。今有虎迹岩、上升石、石室、丹灶、鹤影石、朝斗石、双鲤石、棋盘石、伏虎石、宝所坛、罗汉石、龟蛇山水、紫云洞、摘星台、洗耳泉、无尽泉、濯缨泉、半山亭诸胜。溪上有甘、天旱不涸，或曰炼丹井。又以溪水饮病者即愈，故溪以"无患"名。

又《地舆志·石》记载：

天宝石，在石竹山山下。旧有诗曰："天宝石移，状元来朝。"乾道三年夜半，山上有声如雷，旦见山顶大石飞落半腰间，此签尚未验。窃意福清为闽巨邑，山灵毓秀，人文蔚兴，久乃符之，未可知也。

鹤影石，在石竹山。当午日照石上，有舞鹤影。

醉石，在石竹山。

宝所石，在石竹山下仙桃石之内。石自环垒，中有一潭，云仙人镇宝于此。

又《地舆志·岩》记载：

狮子岩，在永寿里，与石竺（竹）山相连。山形如狮子，前山相对，形亦似之，或曰雌雄狮。有梅阴洞、鹦嘴石、卧云床、鸢松泉、石壁榕、自平石、团瓠亭诸胜。

徐霞客《游九鲤湖日记》中关于游石竹山的记载：

出九漈。沿涧依山转，东向五里，始有云樵石之家，然见人至，未有不惊讶者。又五里，至莒溪之石桌，出向道。

初十里，过蒜岭驿，至榆（渔）溪。闻横（宏）路驿西十里，有石所（应为竹）山，岩石最胜，亦为九仙祈梦所。闽有"春游石竹，秋游鲤湖"语，虽未合其时，然不可失之交臂也。乘兴遂行。以横（宏）路去此尚十五里，乃宿榆（渔）溪。

十一日，至波黎铺，即从小路为石所（竹）游。西向山五里，越一小岭。又五里，渡溪，即石所（竹）南麓。循麓转，仰见峰顶丛崖，如攒如劈。西北行久之，有楼傍山西向，乃登山道也。石磴颇峻，道短衣分级而上。磴路曲折，木石阴翳，虬枝老藤，盘绕苍石倚敧崖上，啼猿上下，应答不绝。忽有亭突踞危石，拔迥凌崖，无与为对。亭当山之半。再折，石巍然直上，级穷，则飞檐覆垂半空。再上西折，入石洞侧门，出则九仙阁，轩敞雅洁。左为僧房，俱倚山凌空，可徙倚凭眺。阁后五六峭峰离立，高皆数十丈，每峰各去二三尺。峰罅石壁如削成，路屈曲罅中，可透漏各峰之顶。松偃藤延，纵目成胜。僧供茗芳逸，山所产也。侧径下，至垂岩，路左更有一径。余曰："此必有异"，果一石洞嵌空立。穿洞而下，即至半山亭。下山，出横（宏）路而返。

# 石 竹 山 记

（明）王世懋

石竹山高亚鼓山，而奇不能当九鲤湖，然传有九仙灵迹。山岩然峙宏路驿旁，可顺道往。

余以正月念七日至宏路，入而饭，出而就舆，视石竹眉睫间物耳。然历数培土娄，循无患溪，行可十里，始至其麓。

山故多石而宜树，树皆不植而蕃，路仄经纡，异夫枝柱跳荡，都不成步。仰视蒙茸中崭岩骨露，稍逼翠微，旁标一石云"别一洞天"。至此，巨石齿错，稠木交加，扶留诘屈，缀若连理，应接不暇矣。积雨之后，虽藓磴加滑，点苍滴翠，弥助其幽。左望积石，平上如台，石或人立，树多侧生，则所谓仙人坪也。

折而右，观音岩出焉。岩石上覆，长广数丈，而下为径路甚狭，柱而饰以穟梂，中设大士像。由岩而左逶迤更上，石壁围环如削，镌书其上多今人诗。三石攒立，中若有窝曰化龙窝。石纹如鹤，晴明见之，曰鹤影岩。最上一卵石若碑而立，不知何人草"蓬壶"二字。度蓬壶，为紫云洞。洞广不盈丈，深倍之，上压巨石，若砻而砥。左折得门，两石隘之，劣可容身，伛偻而过，稍得平壤，九仙阁托焉。

由阁之左，复得一楹，僧所奉大士罗汉阁也。余易服礼毕，载返九仙院将有所祷。自以学道无成，强起两载，未知税驾之所，初不萌异望也。祷毕，解带凭栏下望，阁去地可二里余，无患溪自西北来，合小溪蛇行山麓，群峰奔突四起，而中一小山，树笼其上，昂首锐尾宛似一鱼拨剌相向，则所谓仙鲤山也。盖土人以九鲤仙，故传而神之，然亦酷肖矣。

由大士阁更折而左，为僧居及香积。其前可望龙江，浩渺接天，与九仙阁各具一胜览云。

由香积而下，面一石崖，睹上有圆窦，曰出米石。复蹑而登，石壁屏立，中辟可坐。磨崖而诗者，上为龚侍御、王总戎，下为王金宪。从石壁右而登数级得大石焉，曰醉云，云是九仙醉卧处。去醉石数武而卓立崖上，下临不测，一石曰摘星台，炉其上，而石梁之以度危，视太各之舍身台，称兹山奇绝云。

立久之，更上一石屋，空其中，僧云：是仙人丹灶。丹灶其上，道稍穷，复返至九仙阁，而下界忽黯不辨色，空蒙中但闻哀滩声，初疑膜瞑，已知为雨候也。既而烟霏骤开，自练自吐，明灭倏忽，皆成环观。夜卧室中，滩声益厉。石床清冷，久不成寐。已而交睫，得梦甚奇，不解何祥也。

山多幽石灌木，传以灵迹雅胜鼓山，而恨眼不见流泉。僧云有瀧耳泉，从左下可数十武而汲，今所饮是此水也。又云山下尚有虎迹岩、仙井、仙桃石，其巅有状元峰、蛎房壳、济贫笋、仙棋盘、仙履迹诸胜，大都不能胜所见云

# 附四

## 咏石竹山诗

### 咏石竹（七首）

（宋）林希逸

**半 山 亭**

登山才至半，脚倦步宜休。
欲知佛境界，须上到山头。

**普 陀 岩**

谁云东海岸，不似石峰巅？
万石孤轮在，千江一样圆。

## 石 竹 山

载酒探仙山，仙真何处去？
白云向夕多，忽与樵人遇。

## 丹 灶

灵处何自来？世人迷不醒。
龙虎坎离交，此外无金鼎。

## 宝 所 石

呆汉八宝山，见宝不见道。
还须异眼知，如来是多宝。

## 济 贫 笋

不为僧俗蓄，只落贫人手。
唐竹亦修租，有愧斯山否？

## 游石竹紫云洞

群峰际东海，一峰凌紫云，
昔人炼丹处，石室莓苔纹。
飘飘龙虎车，即此上丹阙，
唯留白鹤影，宛在青松月。
下有静者庐，其人颇淳庞，
一水落天镜，万化明石窗。
药石有时暇，还来叩岩关，
心与鱼鸟乐，身随天地间。
伊子困流俗，十载未应还，
长歌赋招隐，梦远天涯山。

## 石 竹 岩

### （明）郑善夫

寝疴坐情累，削迹离故家。
届兹仲秋月，气候清且嘉。
迢迢紫云洞，渺渺天一涯。
寻壑滞瀑流，攀岑悟灵茅。
千峰递生态，百草互吐葩。

周览荡节物，况乃凌紫霞。
神仙如彷佛，导我营丹砂。
丹砂未易营，缁鬓早已华。
神圣寓隐赜，时变增感嗟。
至人有一念，存形非所夸。

## 春日微雨登石竹山

### （明）王世懋

云里孤筇陡自扶，千崖万树锦模糊。
滩声下界当朝暮，雨态中峰自有无。
洞冷不教深梦境，山幽真拟作仙都。
天台幸结刘郎伴，敢谓登高是大夫。

## 石 竹 纪 游

### （明）陈省

鸟道青冥凿，群峰次第飞。
芙蓉开佛座，萝薜挂僧衣。
海月传灯过，岩云作雨归。
临空思出世，天外更依依。

## 石 竹 山

### （明）何世祺

闻山此日始登山，山鸟山花匪一般。
山北山南云片片，山前山后水潺潺。
山猿啼彻山钟冷，山客归来山寺闲。
回首看山山欲暮，山光环映满山湾。

## 岁暮宿宏路驿望石竹

### （明）郭造卿

逢掖萧萧及岁寒，邮亭对酒夜将阑。
灯前山色过千丈，枕畔溪声下百滩。
馆近仙家应作梦，粮依丹灶欲忘餐。
自怜飘泊谁相似？跨鹤云中未息翰。

## 董大理见龙招同吴太学伯孚登石竹岩，时孝廉石应相新辟径路甚奇绝

（明）叶向高

嶙峋石竹插青霄，病起欢从胜侣招。

萝径曲穿云外洞，松门斜接涧边桥。

苍崖月冷仙坛静，碧海天空鹤驭遥。

一自名山传梦后，只今玉带愧横腰。

## 登石竹绝顶

（明）何乔远

不见花飞与鸟鸣，十洲芳草涧边生。

目穷海屿连天远，手摘星辰接汉平。

终古清宵青土岐，有时明月紫鸾笙。

追风蹑景他时事，垂老唯求鹤骨轻。

## 前　　题

（明）谢肇制

天开奇胜削芙蓉，万转千回紫雾重。

野客攀藤探古洞，道人凭几看秋峰。

石能留影常来鹤，竹欲摩空尽作龙。

为问丹邱今在否，可容双屐一相从？

## 晚 至 石 竹

（明）徐𤊹

寻真当薄暮，暝色满松关。

绝壁猿声断，遥空鹤影还。

云边春草路，天际夕阳山。

应识仙都近，钟闻杳霭间。

## 月夜度石梁登摘星台

（明）徐𤊹

四野苍烟暝，千峰夕照催。

踏兹明月影，独上摘星台。

山自鸿蒙剖，人从鸟道来。

石梁称险绝，不用说天台。

## 石竹紫云洞

（明）林有台

神州三岛外，一望紫云漫。

飞阁看将近，奇峰历更盘。

白猿秋果熟，丹灶老藤寒。

到此探幽梦，身轻有羽翰。

## 石竹山紫云洞

（明）施鹏

复阁依岩耸，飞藤望若虬。

磴危穷碧落，地胜即丹邱。

猿守当年鼎，鹤归此地楼。

蹉跎簪绂久，却被紫云留。

## 游 石 竹 山

（明）谭昌言

竹坞连三岛，兰宫列九仙。

烟霞尘外境，日月洞中天。

寒溜披澄练，晴峰拥碧莲。

磵虹朝散绮，松吹夜闻弦。

药圃芝凝露，丹炉宝吐烟。

《黄庭》多妙诀，此意向谁传？

## 游 石 竹

（明）施兆昂

爱此青山古，杖藜试一寻。

洞幽仙草合，松老女萝侵。

流水本无住，闲云非有心。

相逢多静者，对榻理瑶琴。

## 游 石 竹

（明）林古度

浪游几度叹年华，为爱名山踏径斜。

幻出楼台闲日月，飞来洞壑老烟霞。

凌空石磴三千丈，匝地瑶林百万花。
漫向华胥寻好梦，此身疑可到仙家。

## 游 石 竹

（清）夏晋

绿丛深处是仙宫，矫首疑跻最上穹。
佳景落谁诗句里？短筇扶我昼图中。
声绝绝壁群猿啸，影现当空一鹤翀。
却笑夜阑纷祷梦，黄梁未醒古今同。

## 宿石竹山寺

（明）薛敬孟

绝壑风声起暮松，翠屏晚对隔溪容。
白云平浸石楼水，明月先分古寺钟。
僧定一灯微见偈，猿啼独客梦何峰？
短筇晚倚藤根上，爱得山中尽老龙。

## 忆旧仙楼有感

（明）薛敬孟

尘世真同粒粟浮，寻仙重续廿年游。
空山鹤吊夕阳树，故址花开昔日楼。
半夜溪声虚枕受，千峰月色破团收。
客来长抱沧桑恨，顽石公然醉未休。

## 石竹紫云洞

（明）林鸿

群峰际东海，一峰凌紫云。
昔人炼丹处，石室莓苔纹。
飘飘龙虎车，即此上丹阙。
惟留白鹤影，宛在青松月。
下有静者庐，其人颇淳庞。
一水落天镜，万化明月窗。
药石有时暇，还来叩岩关。
心与鱼鸟乐，身随天地间。
伊余困流俗，十载未应还。
长歌赋招隐，梦逮天涯山。

## 夜宿芙蓉峰

（明）林鸿

香刹瞰林邱，逢僧信宿留。
风帘乘月卷，露簟带凉收。
宿鸟微喧曙，明河澹泻秋。
一经空寂静，人世漫沉忧。

# 第二节　黄檗山风景区

黄檗山风景区位于渔溪镇境内，景区总面积 32 平方千米，其中峡谷观光旅游区面积 1.91 平方千米，峡谷探险区面积 2.04 平方千米。

景区以山地丘陵为主，海拔多为 500 米以上，随着海拔升高，气温降低，植被呈垂直分布状态。海拔 200 米以下，地势平缓，主要植物有龙眼、荔枝、枇杷、油菜、杉木、

马尾松、相思树等，林下灌木有小叶赤楠、桃金娘等。海拔200～400米处，残存有小块亚热带雨林痕迹，上层树种有米槠、丝粟栲、中华杜英、红叶树和野漆；中层树种有黄楠、红楠等；林下有亚苔、毛冬青、杜茎山等。海拔400～600米处，基本为常绿阔叶林带，因长期人为活动影响，多变成次生林，局部为针阔混交林，林层群落结构简单，层次分明。

景区哺乳动物数量很多，有长毛猴、鹿、獐、狐、穿山甲、刺猬、野猪等。鸟类有喜鹊、麻雀、乌鸦、八哥、鸽子、老鹰等，冬候鸟有大雁、野鸭等，夏有燕子。区内水域鱼类多达140种，贝壳类近20种，有爬行动物蛇、龟、鳖等。

景区群峰耸立，千姿百态，有大帽峰、小帽峰、宝峰、紫微峰、狮子峰、佛座峰、罗汉峰、钵盂峰、天柱峰、五云峰、报雨峰、吉祥峰、绛节峰等十五峰。大帽峰常年云雾缭绕，小帽峰尖削险峻，狮子峰形如卧狮，佛座峰如佛趺坐，报雨峰未雨先云，峰峰各显奇姿。

黄檗山以一洞一石、一岩一井最为著名。一洞曰"蟒洞"，位于大帽峰西北，相传唐时有蟒神在洞中栖息，因而得名。洞面朝石竹山，宽9米、深18米、高18米，洞边有小泉流出，洞内有许多深邃而幽暗的小洞。一石为飞来石，在龙湫潭下，高近4米，三面虚悬，危然而立。石下有一小潭，仅比该石略宽半米，但深不可测。一岩为头陀岩，在黄檗山万福寺西侧，岩上有鳞，过去曾有乳香流出，诚为奇迹。一井为龙井，在万福寺后，井口广如盘，深不满尺，泉水清冽，雨季不盈，旱季不竭，随取随满，汲之不尽。

景区溪流密布，多处溪流纵断而形成陡坡或悬崖，溪水沿陡坡或悬崖飞流直下，形成瀑布，蔚为壮观，有常年的，也有雨后季节性的。较著名的瀑布有"珠帘瀑布"，位于龙湫潭之上，悬崖直泻，水花飞溅，宛若珠帘，阳光之下幻化成七彩珠光。另有"月亮瀑布"，自天潭右拐约500米处，

溪水沿崖倾泻而下，形成落差20米的瀑布，下有水潭，呈月牙形，故得名。还有"玉筋瀑布"，在石鼓上约1千米处，落差10多米，望若玉筋，甚为壮观。珠帘瀑布与龙湫潭之间，有一缓冲岩石，上阴刻"灵渊"二篆字，每字1米长。另有"根鹭之深"等题刻数处。

沿珠帘瀑布而上要经过蜿蜒曲折的山径，号称"三十六弯"，而后抵达大帽峰，峰顶有一片湿地，从大帽峰可以远眺东海壮丽的日出景象。

黄檗山万福寺坐落在主峰绛节峰上，创建于唐贞元五年（789），禅宗六祖曹溪慧能的法嗣弟子正干和尚为开山祖师。寺院初名"般若堂"，8年后在寺东大辟堂宇，唐德宗赐额"建福禅寺"，寺院由此在闽中扬名。明万历年间，明神宗赐额"万福禅寺"，并赐藏经，从此寺院驰名海内外。明末清初，隐元禅师率众弟子东渡日本，

开创日本黄檗禅宗，黄檗山万福寺便成了日本黄檗禅宗的祖庭，也成了我国国务院首批公布的对外开放的寺庙之一。

黄檗山万福寺几经盛衰，唐元和年间（806—820），希运禅师任该寺住持，在他的带领下该寺发展成为福建大禅林。宋代寺院达到鼎盛时期，元代微衰，至明洪武二十三年（1390），重建法堂、大雄宝殿、天王殿、伽蓝祖师二堂、放生池、香积厨、转轮藏及十方寮舍，修通道233米，寺院面积达百余亩。明嘉靖年间，寺院遭倭寇破坏；明隆庆元年（1567），正圆和尚重整寺院；明万历四十二年（1614），神宗皇帝赐藏经、黄金、紫衣等，由太监五羊护送来闽，叶向高陪同。叶向高随即为寺院题写对联"千古祥云临万福，九重紫气盖山门"。黄檗山万福寺为纪念叶向高的护法功绩，塑其像于客堂之上。

明崇祯十年（1637），住持隐元禅师拆

月台，重建大雄宝殿于旧址之上，并重建斋堂、钟鼓楼、山门、云厨、库房、诸寮舍，增置寺田，重振禅门法规，举办各种佛会，使黄檗山万福寺规模超过以往任何一个朝代，成为福建佛教文化中心。尤其自改革开放以来，加大了重建、扩建的力度，黄檗山万福寺的规模更为宏大，气势超凡，千年古刹再度辉煌，成为国内外各界人士旅游观光、朝礼参拜的佛教圣地。

隐元纪念堂建在寺院的西侧，1994年动工，次年竣工，为宫殿式建筑，由碑亭、正殿、天井、长廊、耳房5个部分组成。经碑亭穿过宽敞的天井，便来到正殿。殿中供奉着隐元禅师的仿真木雕像。

传说，唐宣宗李忱为避太子之争，曾游历黄檗山，并与寺僧希运大师在珠帘瀑布赏瀑时联句吟诵，希运曰："千崖万壑不辞劳，远看方知出处高。"李忱随即接曰："溪涧岂能留得住，终归大海作波涛。"其用诗句抒发胸臆，后来果登龙位。

又传梁时金紫光禄大夫江淹也曾游览黄檗山，留下了《游黄檗》诗二首。

其一云："长望竟何极？闽云连越边。南州饶奇怪，赤县多灵仙。金峰各亏日，铜石共临天。阳岫照鸾采，阴溪喷龙泉。残杌千代木，廥崒万古烟。禽鸣丹壁上，猿啸青崖间。秦皇慕隐沦，汉武愿长年。皆负雄豪威，弃剑为名山。况我葵藿志，松木横眼前。所若同远好，临风载悠然。"

其二云："喜为打萝行，正坐爱山癖。振衣云中树，洗耳泉上石。稍寻优钵林，偶旁瞿昙宅。溪行走羊肠，山转回龙脊。两难伴揩筇，二老共飞锡。望迷落叶秋，坐断蒲团夕。云归远窗明，香尽出檐碧。希声发岩窦，妙观生墙壁。尘缘苦难攀，胜事成今昔。离家月垂钩，归路月挂璧。师今一帆轻，我向百里役。船了罢持桡，赵州行蓦直。"

## 附一

清乾隆版《福清县志》卷二之《地舆志·山记载》：

在清远里，以山多产黄檗，故名。林峦重复，为邑之胜。梁江淹尝游此，有峰十二：佛座、香炉、吉祥、宝峰、钵盂、五云、罗汉、紫微、屏障、天柱、狮子、报雨。瀑布澎湃泻石岩间，止而为潭。泉势高捷，下浚无底。潭口径八九尺，旧传有龙，祷雨辄应。上绝险处，复有一潭，

人迹罕至。龙尝自下潭移上潭，所历有爪迹。山有黄檗寺，其西有嵩头陀岩，至今犹有乳香出罅间。此山作邑西南障。

## 附二

### 游黄檗山记

（明）吴钟峦

黄檗山寺，福唐丛林之最著者也。岁丙戌，余避地来，黄檗在耳，以道枳弗克至也。丁亥移寓迳江，黄檗在目，以溽暑弗即至也。七月之望乃至焉。同林□□□踊陵涉溪，境渐以深，可十余里，数折至山，又数折至寺。寺在翠微，松竹森蔚，望之已居然胜境矣。入寺，群峰回合，梵宇庄严，为宝殿，为转轮藏，为香积厨，为僧众寮，结构都备。殿后历数十级而上，上为法堂，为方丈，为客堂。堂中有叶文忠公像。临高望远，心目敞豁，遂栖宿堂左。二友谈："山有九潭，一潭最胜。"余兴勃勃。明日阴雨，雨不止，又弗即至也。雨窗无事，俯仰榱桷，见文忠公游绝顶诗，叹曰："公太平宰相也。公罢相后，珰祸矣。公捐馆后，今日矣。昔之游者，非今日之游者也。"因步韵为诗，以寄感概。越日雨稍霁，余曰："盍行乎？"（中缺）迄于今甲子周，而事始稍稍竣也。斯不亦毁者易，而成者难乎？岂不在人哉？呜呼！匪直寺也，国之所以废兴存亡者亦然。文忠有知，当三叹于九原矣。于是为之记。二友为：林雷先，名起震；林惠风，名介。王子字秉肇，名家基，余季子名裔之，字公及。

## 附三

### 复黄檗寺田记

（清）张缙云

自灵石归，不数日又适以事遂诣黄檗。盖福清饶佳山水，首推灵石，次即黄檗。而旧刹之存，亦惟两山之寺为最古。灵石之田，二百八十亩质于人，黄檗之田，七百八十亩亦质于人。遣吏谕之，一如灵石，旋黄檗之田亦复。福清剧邑也，赋税、讼狱、盗贼、邮传甲于他邑。莅事以来，无一治绩，而两寺之田，乃得之于不旬日之间，岂佛法所谓有缘者耶？抑越人好鬼，其俗使然耶？是亦可喜矣。

灵石寺宇不及百间，黄檗则百间不止。灵石惟前殿不支，其余固皆完好；黄檗佛殿完好，而其余则几无一椽可覆。远近闻之。欣然市募，酿钱兴工，土木翕集。盖自僧舍荒凉，法侣散去，及是而复归，已历一纪。而后黄檗之梵唱，始得与灵石之钟鼓相闻于两山之间。

夫物之成毁有数，古之言天者每以一星为期，岂一梵舍之兴废，亦关天道耶？而人事实因之，固未不然矣。是说也，姑无深论。寺中有旧碑，亦载雍正年间寺僧已有质田一事，遂踵其事而勒石以记之。

黄檗为融邑名寺，山志乃千古流传。自梁江淹、唐宣宗、宋晦翁、明曹学佺、叶向高。迄大清，名人间出，咸于黄檗寺留题志、序、诗、记，其墨迹至今存焉。虽云山以僧名，亦志以人重。

戊子暮春，予游福唐。是夜，僧清怀师出续修《黄檗志》与予观之。予百复不厌，兢兢然郑重焉。及阅此篇末行，不觉忽为色沮。试思长班地保何物，郑喜、林树齐何人，厮卒之流，竟以厕名公巨卿侧也。此志不几卑污耶？作者昧，梓者亦不通。时即质之清怀师，师亦甚恶，辄笔删之。愤鄙之下，付之一笑。

## 附四

### 黄檗种松记

（清）张成梁

山之有树，如人之有发然，炫服盛妆，而头乃童然，岂足为美哉？否则数茎鬅松，亦难为貌矣。灵石之趣，以幽深胜，然非老松数千株虬蟠谷口，亦未为至也。

黄檗既修之两月，余以乙酉春始往视其工。殿宇已整，寮舍已完，而环顾四山，层石巉巉，挺然显露，譬犹人之新经病起，气象虽殊，而顾盼间未能生态，对之者不免少兴。

福清故产松秧，每一斤为一束，每束计可四百有余，乃市三十束种于寺之前后。寺之住持曰通馨者，亦已种植三万余株，计十年之后，青青在望矣。计再十年之后，清阴照地可以覆人矣。吾年今已五十有二，更二十年后，久已解甲归田矣。如其时此身尚在，杖策南来，重寻旧迹，则四万余株之堪为梁栋者，不啻老夫前此在邑之日之稚焉童子，其为乐何如也！想灵石大夫闻之，亦当掀髯而笑。

## 附五

### 黄檗寺龙泉记异

黄檗寺后旧有小潭一，冬夏泓然，相传不盈不溢而亦不涸，虽为龙泉，不知始于何岁月也。壬申岁，寺之田亩入富人，僧以贫散去，泉遂亦以涸闻。迨癸未，余莅兹邑，夏六月，以事诣山，遂宿于其寺。

颓檐败瓦，星光的烁，逗漏梁间，从枕席上可一一而数，几于不能成寐。而访所谓龙泉者，第见数尺枯池而已。

未几，为归其寺产，又为之募工修之费于四方。殿宇既整，缁侣悉还。向之蔓草绿阶，长苔挂壁，又皆为庄严净土，威仪道场矣。而所谓龙泉者，乃亦浸浸日出。及工甫毕，盈潭泓然，与曩时相传不盈不溢而亦不涸者无异。噫！是可以自勉矣。

泉岂有知者哉，而其通塞之故，乃与寺之废兴相因。天下故有不相感而适相值者，若此之类，不一其事，而寺僧以为神，里人以为异，在愚夫愚妇，可慰其好善之诚，而有志之人，亦可以自励于有成也。如必与佩刀之出，孝妇之涌，而自以为功焉，窃恐灵山所笑尔。

## 附六

### 龙潭祈雨词

（宋）真德秀

伏以万民之天所仰，莫如稼事之难；六月之雨不时，深惧田功之失。控诚以祷，从欲是求。卷兹百里之区，实在七闽之首。山崇川驶，粟可去而不可来；民悍俗顽，岁宜丰而不宜俭。昨缘霜阴，有害秋成。一朝而攘夺并兴，殆几挺变；累载之盖藏悉罄，仅足救饥。幸禾麦之继登，与里闾而胥庆。然谷直之腾未减，而民力之困自如，非大有之屡书，岂小康之可冀？乃由季夏，骤苦常旸。多稼垂成，犹日望婴童之长；甘霖弗续，是顿亏乳哺之功。倘拯救之少稽，将危亡之立至。不胜震惧，有甚灼焚。爰率吁于上穹，冀兴怜于下土，敕群龙而并起，扫妖魅于方张。大雨时行，愿弗愆于月令，烝民乃粒，实共戴于天恩。

## 附七

### 黄檗赋

（明）林伯春

美百尺之乔木，结深根于高岑。枝拳曲而偃蹇，叶茂密而繁阴。岂榆柳之比性，将贞寿而并林。时餐霞以吸露，乃黄质而苦心。类寒松之节操，同婺女之坚贞。其朽散以自弃，任霜雪之相侵。

彼桂何事而消亡，桐胡为而半死？槿向秀于春朝，兰徒芳于江汜。嗟万有之不衰，独一贞之无已。临皓魄以辉生，动徽飈而响起。

## 附八

### 登黄檗山赋

独往子性幽

七闽胜地，十县名峦，枕榕城蔚蔚，启莆水潺潺。源发金支之顶，秀来白鹤之间。肘郭庐而腋大吉，缨石竹而带海山。客从余游者问曰："此何区也？董壶孙丽，旗鼓让幽。行葱葱兮露滴，松郁郁兮风流。无弦千溪兮弹伯牙之响，有情万壑兮载宋玉之愁。拥龙田兮云从万里，跨江阴兮水衍千沟。遥望虎岭之巅兮，曾藏将军侠骨；近眺鳌江之下兮，多系渔子扁舟。岂飞来之蓬岛，抑突出之天丘。"

余曰："此黄檗也。考之记载，占已详矣。出紫云焉，问诸耆老，今其知乎？吾闻巨灵斧劈，章亥步推。彼焉界三千兮固尊五岳，此也峰十二兮亦贵一抔。子不见夫报雨初霖兮，五云绕天公之□；钵盂孤挺兮，天柱空九郎之矗。突宝峰兮斜插，□吉祥兮旋来。罗汉骑狮子兮，咆哮警醒玉融之梦；香炉供佛座兮，慈悲熏腾福土之灰。且有紫薇兮缀一方春色，屏障兮蔽四际尘埃。此则兹山之大较然也。

自地占袈裟兮，开衲衣之永紫；流增济水兮，洗法眼以长青。今者竹院风清兮，高耸凌霄之节；草庵月罩兮，渐成插汉之形。看绛节峰头兮，也有黄金筛地角；踏狮岩险嘴兮，不无白棒滴天星。且读梅庵一碑兮，知麋鹿上闻天语；过普同诸塔兮，识枯朽下拥地灵。登斯山也，真令人有蝉蜕物表，鸿飞霞端者矣。

况有时而龙潭珠垂兮，鹭羽逞撄鳞之势；有时而蟒洞灯遍兮，神光生媚鬼之才；有时而钟楼响远兮，遥应姑苏半夜；有时而经阁香落兮，恰同灵隐成堆；有时而蝉噪小溪兮，和老人之十咏；有时而鹤依方丈兮，献仙子之千枚；有时而水月现观音之容兮，露出通身手眼；有时而卧云飘佛母之驾兮，育成大地胚胎。斯岂非尽福唐胜概，极佛国奇观哉？

然犹未也，子不见夫风吹大小帽兮，日月出没其上；云迷木石桥兮，鱼龙变幻其间？多年翁仲半埋荒草之中兮，可歌可泣；几箇村家独跳光天之下兮，如黠如顽。古树陆离兮，感春秋之易度；新蓬荏苒兮，念岁月之维艰。静言思之，妙药难驻红颜兮，徐福之舟不复；金风已催白发兮，鲁阳之日难攀。果登山而有得，应索展而自潜。"

客笑曰："夫凤凰之异于山鸡者，羽毛之美也；麒麟之殊于走兽者，首足之文也。融邑固多君子，塘水岂辜名家？子乃墨胎之饿骨，岂知圣道之龙蛇？"

余曰："其然乎，岂其然乎？子不见夫真氏来祷兮而九潭增色，江郎有赋兮而满笔生花，常观察之遗教兮不朽，林太丘之理学兮堪夸。稽流民一图兮，郑介公之风流如睹；考历相四主兮，叶丞相之天业未遐。事即此而达彼，道有然而岂徒。子不见夫正干通玄兮，檗味迄今犹苦；鸿麻骂贼兮，树头万古不污。断际三弄爪牙兮，宣宗之掌痕长在；中天八经寒暑兮，神庙之御典不诬。况云布且密兮，拥单传之宝；道费而隐兮，得直指之珠。今何必远溯文文山之为奇男子，定指李若水之为大丈夫？只此月照山间兮，露清霜列，何处更埋黄巢之剑；雾填谷口兮，燕去雁来，相逢尽道白乳之颜，念之哉！龙藏犹存硕果，豹隐方是故吾。数点磬声兮，并不听云中之鸡犬；半生豪气兮，却俱冷山前之鹧鸪。固知文之未丧，或守道以有须。"

客于是栗然而恐，悄然而悲。余因进曰："子休矣。圆顶支天兮，裴休犹为着相；远公既遇兮，菊花亦觉累人。举足皆幻，美景匪真。沧海桑田兮，莫恨山河非旧；花容鸟语兮，别有天地维新。子休矣，吾其自此独往矣。"遂揖去。客抠衣尾之，溯洄于九渊而不能从也。

余遥语之曰："吾道存欤，非山亦非水；吾道亡欤，可水亦可山。子岂复求我于人世间也邪？"客目送之，莫知所之。闽中士大夫有闻者，相与载笔觅焉，闻其无人，但留墨迹数痕石上而已，过而读之，渺不可得。

## 吟黄檗山诗

### 过黄檗听彬长老谈禅

（宋）蔡襄

一圆灵寂本清真，谁向清波更问津？
欲说西来无见处，奈何言句亦前尘。

### 观稼至灵渊

（宋）赵忭

灵渊无底石嵌空，万丈飞泉落半峰。
寄语鱼虾莫相侮，此中蟠蛰有蛟龙。

### 黄檗览秀阁和韵

（宋）黄祖舜

飞阁凌云翠，幽寻一径微。
峰峦长竞秀，烟水莽相围。
景色尘嚣外，诗情领略归。
标题属大手，价重胜留衣。

### 游黄檗读石间字刻

（明）何御

朝自西山还，遥遥望黄檗，
想像二十年，于今始登陟。
芙蓉照清波，瀑布悬绝壁。
洞底白云兴，谁复采芝人？
山鬼啸林风，野孤怒人迹。
岁深石刻残，读之不尽识。
因叹邑贤心，惘然悲今昔。

### 登黄檗山绝顶

（明）叶向高

琳宫新敞古坛场，贝叶琅函出尚方。
自识禅心超色界，还凭帝力礼空王。
龙潭倒影千岩碧，鸟道斜萦一线长。

此地皈依情不染，更于何处觅慈航？
第一名山势郁盘，登临方觉海天宽。
丹崖常积千年雪，阴洞还生六月寒。
自制箨冠来野外，共扶竹杖上云端。
茫茫尘世何须问，万仞峰头一笑看。

### 步叶文忠游黄檗绝顶韵

（明）薛敬孟

天光围处水何穷，狂啸声生四际风。
白日倒翻河汉落，丹梯遥拂斗星空。
眼前峰岫看儿拜，衣上云霞拥客红。
安得逍遥凭羽翰，昆仑西去又过东。
日月双蟠蟒洞阴，欲排阊阖上危岑。
雷轰山半龙疑战，帽落峰头客未寻。
鸟下层霄青嶂夕，猿啼归路碧烟沉。
红尘飞满桑田变，唯有青山是夙心。

### 游 石 门

（明）陈特

石门深处是云关，来路原从去路还。
笑却许多门外汉，乱云堆里拔青山。

### 季秋游一潭至四潭回，历竹庵诸胜

（明）郭祚鸿

蹑屐冲寒破晓岚，沿溪觅路爱奇探。
画图秋色披青嶂，雷雨晴空落碧潭。
客子筇边花自媚，奚奴囊底石应酣。
前林斜日忘归晚，头兴还来扣竹庵。

# 第三节　少林弥勒山风景区

少林弥勒山位于福清西部，属戴云山脉之绵延余脉，坐落在状似莲花的山坳盆地之中。少林弥勒山形如坐佛，故得名。景区属亚热带季风气候，冬暖夏凉，雨量充沛，大部分面积覆盖着原始次森林，植被覆盖率达98%，林相整齐，群落完整。景区以巍峨的高插入云的弥勒山为主，连同险峻的天柱峰、逶迤的九连山一道，雄峙景区东北部，这里四周尚有22座山峦，山貌酷似河南登封嵩山。景区有寺庙、道观、古墓、古窑、古桥、磴道、摩崖石刻等，

与变幻莫测的云海日出、松涛佛光组成了一幅奇妙的立体画卷。少林弥勒山后面的峡谷流淌着一条溪，源于少林寺而得名少林溪，村庄名少林村。

少林弥勒山风景区春天四处流泉飞瀑，夏季漫山野花争艳，秋仲遍山红叶悦目，冬日山顶银装素裹，更有百鸟和鸣，山猴嬉戏，野兔追逐，山猪嚎叫，无限生机尽蕴其中。景区还盛产毛竹笋、马蹄笋、魔芋、金银花、松菇、溪蛤等特产，其中雪鳗、石蛙最为名贵。

少林院俗称南少林，坐落于弥勒山南麓，朝东偏南。文史工作者依据福建省几部权威文献记载，找到了遗址所在地。经国家文物局批准，1995年，福建省博物馆和福州市考古队联合进行了两期的考古发掘，出土了许多陶器、瓷器、石器，部分器皿底部书有"少林院""少林常住"等字样。地面上也采集到不少遗物，足以证明早在北宋时期少林院在福清已具有相当规模。

考古发掘工作使当年的少林院风貌得以重现，寺院总面积约15800平方米，呈九级阶台式，从东南往西北逐级上升，山门、天王殿、大雄宝殿、法堂等按中轴线依次而建，中轴线边上是寺院生活区，前面还有放生池等遗迹。

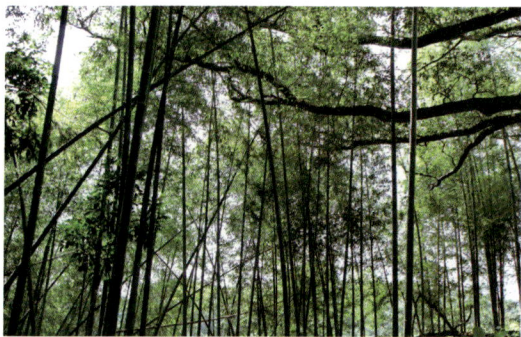

寺院遗址周围还发现三座砖瓦窑址，其中野竹园大窑址保存尚好。以寺院遗址为中心，四条杂石铺砌的山路通向外界，向东往东张古镇，长18千米；向东南通道桥村，长10千米；向西北去莆田县，长2千米（这里紧邻莆田）；向北抵永泰县，长13千米。道路、桥梁均可见当年少林院和尚修路造桥的铭文。

少林院周围景点甚多，其中尤以仙字崖、一线天和凤头岩为最。少林寺进山门前两条溪的交汇处叫作三溪口。在三溪口北面的少林溪下游，岩壁如削，两巨岩间有一道罅隙，透过罅隙隐约可见壁上的文字，每字大盈尺，只能用手指触摸字形，而不能窥其全貌。奇特的文字无人能识，约有23字，民间传说为仙人所书，故称仙字崖。也许，这些字是史前先人刻下的象形文字，后来地壳变动，使两块岩石并拢，只能伸手进去辨认。

一线天在九连山的第二峰与第三峰之间的峡谷内。进峡谷顿觉四周晦暗，阴森之气扑面而来。这片峡谷又称仙桥巷，北侧岩壁裂开一道缝隙，窄处仅0.8米，宽处也仅1.2米，高约80米，往上望去，天成一线。

在九连山的第三峰顶，有一巨石，如天外来客，飞落峰顶。从半山仰望，巨石酷似凤首，引颈向天高鸣，得名"凤头岩"。云雾缭绕之时，宛若振翅欲飞的凤凰。岩下有村落，因景得名"凤头村"。

重建的南少林寺已初具规模，对外开放，市区设专线公交车便于游客往来。开发的少林弥勒山风景区正一步步成为福清市西部旅游区新经济增长点之一。

【石坝】少林院僧人逢山开路，遇水架桥，他们经过几代人的努力，在崇山峻岭中开辟了四条对外交通的石道，其中一条石道沿寨山、马鼻山两山峡谷通向道桥。在三溪口南较宽的溪段上建造了一座集交通、水利兼益的石坝，石坝中心隆起呈流线形，拦截水流，以抬高水位，把水引向下游两岸水川，灌溉良田。石坝中心安装有64块规整的两头大、中间小的石墩，平时水从石墩之间流过，迸溅似碎玉。上流、下潭、中间埠，鹅鸭浮游其间；碧水苍石，衍草摇曳，游鱼鳞鳞；青藤古树相依于两端。南边坡地有观音亭可供休憩。千百年来，石坝历经无数次的山洪冲击，却始终岿然不动，仍然造福后代。

【和尚潭】和尚潭位于三溪口交汇处，雨季水量剧增，激流直泻，势如万马奔腾，冲击一大深潭。掩映于东西两壁的悬崖，岩壁高耸，直立水面。两壁相距最窄处不足10米。崖顶绿树成荫，遮天蔽日。潭水清澈无比，最奇特的却是水色，看上去就像溶有明矾的染料似的。特别是在树荫下，随着光线的变幻，色度殊异，水色反而特别明亮，蓝中泛绿。潭旁大树的根须伸入水中，宛如乱蓬蓬的大胡子，纤毫毕露。抬头细观两壁，东边崖壁苍迈青古，碧苔覆盖；西边崖壁凹凸嵯峨，古藤缠绕。

【拱桥】横卧在少林溪源头之上，是福清通莆田、永泰必经的桥梁。古桥由少林院僧人建造，初为石板桥，倒塌后又改建成单孔石拱桥，桥下流水潺潺，桥上藤木缠绕。在深山老林里隐藏着这样一座规模巨大、古色古香的古桥，为当地自然美景增色不少。如今它仍在造福人类，同时成为了人们了解少林院僧人的一个窗口，有较高的观赏和研究价值。

【乌龟下涧】在拱桥东北向有一条支流，沿枝藤遮日的溪旁披荆斩棘行走10分钟，眼前豁然开朗。有一条岩沟展现眼前，沟长约10米、宽1.5米，山泉集聚从中流下，中间有一块长1米、宽0.8米的石龟伏在沟底，形态逼真。水从龟背流过，水波荡漾，形似乌龟爬行，惟妙惟肖，令人称绝。

【山涧仙池】在拱桥南面约百米处，有一条支流从西北汇入，两流落入一块50平方米的四方形岩盘，盘深40～50厘米。映入眼帘的是盈盈绿水，水底平坦如埕，泉水叮咚，流水潺潺，水族动物穿梭不息，生机勃勃。池旁花草丛生，翠竹摇曳，藤木披挂，风吹树动。秀水相映，堪称山涧仙池。

【五斗平湖】从仙池沿着溪旁曲径顺流而下，有一条石坝截蓄径流成一平湖。昔时少林院僧人为灌溉山田，垒石砌坝，抬高水位，引水上山，俗称五斗坝。坝上浩浩渺渺，碧水粼粼，微波不兴，水天一色。坝高水涨，水随峰转，顺山麓弯弯曲曲，向上伸展。晶莹剔透的湖水把群山、危崖、苍松、翠竹一齐映入其中。倘乘小舟游荡其上，真乃沉醉于大自然之中，美不胜收。

【五斗三潭】五斗平湖与少林溪的交汇处，是最陡、最狭窄的低谷段。龙江源

头东、西、北众山汇聚而来的溪流，经过偌大的山川台阶，落入五斗平湖。溪流越坝顶跌落山岩，奔腾而下，飞瀑成群，冲击成暗绿色的深潭。深潭面积仅 2.5 平方千米，竟有终年常泻的瀑布 10 多条，三叠瀑、鬼门瀑、珍珠瀑、玉龙瀑、面纱瀑等穿云劈翠，蔚为壮观。

【仙桥巷】位于九连山第二峰与第三峰之间的峡峪，因峪顶有南、北两条天然形成的石桥，故称仙桥巷。仙桥巷是一处融奇险、神秘、清幽、秀丽于一体的狭窄幽长的山峪长廊，走在峪中，常有"山重水复疑无路"的感觉，而到了无路之处，继续深入，又得到"柳暗花明又一村"的惊喜。仙桥巷奇岩耸立，绝壁万仞，草木横生。千奇百怪的岩石壮景，构成了一条浓墨重彩的自然画廊。

# 第四节　大化山风景区

大化山位于镜洋镇北部，与闽侯县交界，属戴云山脉的支脉，十八重溪的源头，在福清市境内有七重溪，海拔 560 米以上，占地面积 18.6 平方千米。这里山清水秀，山峦起伏，清溪环绕，碧潭飞瀑，兀岩峭石，茂林秀竹，翠谷鸣鸟，俨然形成了一幅粗犷而又清幽的画卷。

耙细溪纵贯景区，清澈、碧绿的溪水绕古树，穿峡谷，灵动飘逸。登上 300 多级的石阶，经大皇岩到达景区的大门，就开始了耙细溪涉水漫游。一溪碧水迂回曲折地向身后倒退。不久便进入景区，抬头即见"石鼓迎宾"，两侧山头圆石如鼓，大小不一，不可胜数。隐隐约约，似闻"咚咚"鼓声，和着溪水的喧哗，可谓天籁之音。

一路向北，佳景迭呈。右侧一尊高丈

余的石狮，似迎宾客；左侧牛郎织女，相依为伴。前方百座石林，如刀斧劈削，巍然耸立。转过溪弯，两岸山泉或明或晦、或急或缓、或旋或淌、或滴或飘，为壑为沟，为瀑为滩。在深滩上有一座"风帆石"，又名"玉屏峰"。过了风帆石，前路鹰旋鱼跃，百鸟啁啾。由于大化溪在这里交汇，长年累月冲刷出一块长200多米、宽百余米的大石埕，水平如镜，纤尘不染，漫溪碧透。两岸翠竹丛生，上指云天，下吻溪水，阵风吹过，竹涛涌涧。千奇百怪的红色岩石散落在溪畔。丹山、碧水、红石、翠竹相映成趣。更有两岸山花烂漫，成簇成团，连山接岭，人行其间，犹涉花海，目眩神迷。

踏着大石埕向西北角而行，进入有惊无险的九曲十八溪的秀谷。山谷蜿蜒向西伸入莽莽林中，两旁枝繁叶茂的香樟、楠木，似绿色翡翠长廊。草丛里的杜鹃花、报喜花、幽兰争奇斗艳，蟋蟀浅吟低唱，

溪流边的旧村舍遗址掩映其中，碧苔覆盖，诉说着苍老久远。

结束耙细溪涉水，便进入"深山迷宫"的大化山。苍莽的山，峥嵘突兀，属典型的赤壁丹崖丹霞地貌。登高远眺，群峰环列，如巨龙，如将军，如美女，如笔架。观其势，犹如众鲸闹海，群龙腾云。山风作响，直似千军破阵，万马奔腾，令人叫绝。

龙头峰，大化山的群龙之首，横空而出，孤悬半天，猿攀胆战，鸟过心惊；西旁将军山寨，挥舞千军，美人照镜，含情脉脉；北侧吕仙试剑，一刀砍下，一石裂开尺余宽的缝隙，从顶到底；南面文人笔架之精巧，令书法家心仪；东方蜀犬吠日，山猪出洞，疯狂之态惟妙惟肖。从景区东部顺着山脊向北走去，山体连绵不断，海拔均在700米以上，山脊上最宽处不到3米，窄处仅1米，十分险峻。

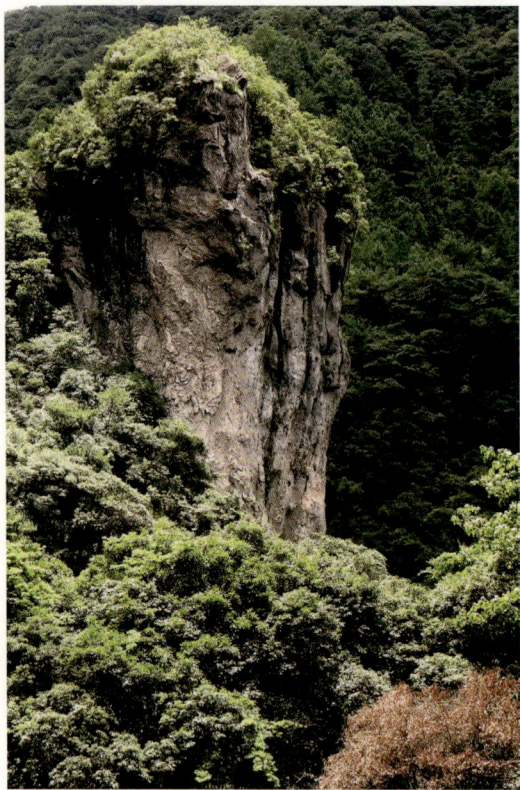

顺着耙细溪北行约 2 小时，只见一堵断岩，将偌大一条山溪拦腰截断，溪水一泻千丈，跌下山岩，留住一潭晶莹剔透的碧水，这便是著名的"乌缸潭"。潭面鱼跃蛙泳，四周鸟语蛙鸣，微风送来瀑流之声，弱如裂帛，强若雷霆，沉似闷鼓，响比军歌。

乌缸潭瀑布，两旁奇峰崛起，石壁嶙峋，高约百米，溪流从顶上呼啸而下，上窄下宽呈扇形。人未近其前，便觉凉风拂面，瀑布两旁或零珠散落，或连接成串，偶逢阳光斜照，则呈赤、橙、黄、绿、青、蓝、紫各色，美不胜收。倘若沿着石坡小径而下，到瀑布中段，恰见瀑布时曲时直，时隐时现，似流云，像蒸气，横斜飞舞，婀娜多姿，陡险之处，不时有飞鹰盘旋，水鸟翱翔，潭边平缓处则见鱼翔浅底，蛙唱

悠闲，行至此处抬头仰望，只见白练长垂，银河挂落，烟霞纷飞，不禁感叹，好一幅深山挂瀑图。

【神鹰岩】又名"千丈岩"，是三岩并叠凸起在石峰顶上，状甚巍峨。从山下仰望，酷似神鹰欲向山下俯冲，神鹰身旁两岩似翅膀，中间一岩突出似鹰头，嘴、眼、鼻、尾皆可见。

【风帆石】又名"玉屏峰"。相传当年观世音菩萨云游至此，看见一个樵夫费劲地拖着木头，动了恻隐之心，便将天宫中一块玉屏化作风帆降落于此，以便樵夫用船将木头运回家中。

【翠鸟谷】谷间群石垒垒，流水淙淙。谷中有一瀑布，下为深潭，潭中游鱼往来如梭。潭边翠鸟成群，停栖于绿树秀竹中。谷中的"天打岩"是一块高 9 米、宽 10 米的巨石，从上而下裂为两半，似雷打斧劈，覆盖在谷中，底下溪水翻滚，冲向乌黑的深潭。

【彩竹石笋】位于大石埠口右侧，有一片苦竹林，矮竹丛中有一根重叠起来的石柱，高 3 余米，称为"实肚竹"，就在这片翠竹林中，有众多石笋形成了巧夺天工的景点。

【鳌龙潭】在一个峡谷中，有几块巨岩围成的山潭，称为"鳌龙潭"。相传有一鳌龙居于潭中，每当它从东海归来，此处必有暴风骤雨。在"鳌龙潭"上游峡谷，有众多高 2～3 米的圆形巨石，人称"龙蛋石"。相传，鳌龙下蛋时，一路爬行一路下蛋，长 1200 多米的山峦都填满了龙蛋，为鳌龙潭增添了神秘色彩。

【蛇蜥相争，猫观胜负】有两石相距

3余米，一石似巨蛇，伸颈吐舌；一石似巨蜥，斜眼张嘴，与蛇相对，作斗争状，蛇、蜥互不相让。在蛇、蜥的对面，有一耸起高约数丈的岩石，酷似猫头，眼、鼻、口、耳皆清晰可辨，仿佛在回首观看蛇、蜥争斗。

【蝙蝠洞】在"花心洞"旁边有一个山洞叫"蝙蝠洞"，洞深莫测，穴居着成千上万只蝙蝠。每当夜幕降临，蝙蝠漫山飞舞，十分迷人。在"蝙蝠洞"南侧峭壁上，有一凸起的岩石，形似蝙蝠，倒挂在峭壁上，人称"不愿归巢的倒挂蝙蝠"。

【宗鹤拳和方世培】方世培（1834—1886），名徽石，字世培，福清镜洋镇西边村茶山自然村人，出身书香门第，父亲文武兼修，兄长进士出身，世代以耕读、治家、练武为乐。

据记载，方世培"幼既敏而好学，尤嗜技击，力练鹤法，受教名师，均惊其为禀异。练功之余，喜审飞禽走兽搏击之态，对武艺更有所领悟精进"。在天竺寺边长大的方世培，少时为家中放牛，走遍山川河流，自得山海之灵气。他最喜欢观察飞禽走兽搏击之态。一日雨后练功时，看到寒鸦淋雨，在树上抖动羽毛甩出水珠，而树干竟为之动摇。又看到灵犬落水起岸，身子一摇，水珠随之飞溅干净，深有感触。之后，他又经常在池畔审视鱼虾轻盈灵巧、进退有方之态，白鹤动静相宜、虚实分明、刚柔飘忽，以寸劲节力之动作，顿悟出轻捷与弹性所产生的无穷力道，于是结合当地拳种、武技，以白鹤拳为基础，运用五行相克的关系，开创了中国南拳拳种之一的"宗鹤拳"（也称"纵鹤拳"），成为一代宗师，名扬海内外。

宗鹤拳的最大特点是"宗"，行拳时

运气导入任督二脉，发出似龙吟虎啸之声。技击上的特点是：见力生力、见力化力、见力克力、见力弃力，注重意，更注重气。在手法上讲求金、木、水、火、土五行变化，善用震、劈、接、拌、断、挪、克、冲、摔、顾、缩等手法。在实践中，方世培凭借深厚的功力和精妙的应敌招式，历次与高手交锋均占上风，技压群雄，声名鹊起。

中国近代著名文学家、翻译家林琴南曾跟随方世培习武，并以亲眼所见为依据，将方世培的事迹及趣闻轶事写入《方夫子遗事》及《技击余闻》。林琴南在《技击余闻》中记述："（方世培）福清之茶山人。练拳技二十年，法曰纵鹤，运气周其身，又聚周身之气，透双而出，出时作吼志，久久则并声而无之，但闻鼻息出入，手分金、木、水、火、土，唯水手出时。中者如中恶，而身已飞越寻丈以外。"

作为宗鹤拳的创始人，方世培的一生引起人们极大关注，其传奇武术生涯早就家喻户晓，并入编《中国武术名人辞典》。如今，宗鹤拳已流传到美国、日本、东南亚各国及我国台湾等地，弟子已逾百万人。2007年，福清市宗鹤拳协会成立。2009年，宗鹤拳被福建省政府列为非物质文化遗产保护名录。

大化山以迷人的风景吸引八方游客及探险爱好者。

# 第五节　瑞岩山风景区

瑞岩山，原名仙峰岩，距福清市区 10 千米，因景区内有一尊巨大的立体花岗岩弥勒佛石造像，故邑人多称"弥勒岩"。全区分前、后二岩，前岩为北宋宣和年间团栾居士所辟，后岩是明嘉靖年间戚继光发动军士开发和命名的，有蓬莱峰、醉仙岩、醒心泉、双龙洞、归云洞、冲虚洞、宜睡洞、振衣台、望阙台诸胜。

瑞岩山风景区地处古海岸带，风化海蚀，大自然的鬼斧神工使其山石嶙峋，岩洞幽深，环境幽雅，历史文化积淀深厚。宋、元、明、清以来，历代许多名人摩崖题刻一百多处，篆、隶、楷、行、草各体皆备，具有很高的艺术考古价值和观赏价值。宋代理学大家朱熹曾到此游览，并留下脍炙人口的诗篇。明抗倭名将戚继光在著名的牛田大捷之后，在这里大犒三军，也留下豪迈的诗篇。

从前，进瑞岩山风景区，要经过一座奈何桥。现在桥已损毁，在桥址旁新建了石砌的进山大路。从两侧拾级而上，迎面即见到笑容可掬的弥勒佛石造像，开工于元至正元年（1341），建成于明洪武二十三年（1369），耗时28年。石造像高6.4米、宽8.9米、厚8米，由整块岩石就地凿成，比泉州老君岩略大。弥勒佛盘腿而坐，袒胸露肩，左手捻珠，右手抚腹，双耳垂肩，一副慈祥而肃穆的神态。腹、腰上还雕有小和尚石像3尊，与弥勒佛相映成趣，相得益彰。整座石造像造型生动，线条流畅，形神兼备，质感极强，雕工精湛，实属元代石雕精品代表作，令人叹为观止。

弥勒佛石造像前，新开辟放生池一亩，春烟秋岚，朝晖夕阴，巍峨佛影倒映在碧水清波之中，显得那么气定神闲。池旁，耸立着纪念戚继光抗倭遗址的石碑，其上刻着戚继光抗倭祝捷时写下的三首诗。明洪武二十三年（1390），瑞岩寺僧人悟普募缘建石佛阁。为避免佛像被风侵蚀，明

万历年间叶向高主持重修，但最终还是被台风摧毁，石造像四周还保留数根立柱。石造像的背后山势险峻，树木森然，瀑布垂崖而下，岩壁阴刻楷书"观瀑"二字，十分醒目。

石造像的左侧，可入瑞岩寺的前门和后门。瑞岩寺始建于北宋宣和四年（1122），几经兴废，1996年，由爱国侨领林绍良先生捐巨资重修。寺内保存着赵朴初、启功等著名书法家的墨宝。

瑞岩寺依山而筑，虽规模不大，但布置合理，环境清幽。寺庙自下而上由兜率宫，

大雄宝殿，左、右钟鼓楼，仙君楼等组成。

出瑞岩寺，沿崎岖石径可通寺后的各景点和摩崖石刻群。大洞天之右有醒心泉，泉居石罅中，泉畔有石如龟状。泉下有伏狮石。进天台洞，台阶极陡，仅容一人而上，独醒石即在天台洞顶，跨两步过一小天桥，岩上耸立着一座经幢，俗称"葫芦顶"，其上阴刻着"唵、嘛、呢、叭、咪、吽"的梵文，在瑞岩山风景区内十分显眼。寺后有一大片巨岩，平缓而向东倾斜，名曰"千人坐"，与苏州千人坐齐名。巨岩后靠三台峰，前可观海，戚家军战捷归来，常在上面休憩、豪饮，旁刻行书"点将台"三字。

瑞岩山风景区前岩原有景点 36 处，后岩有 72 处，今尚存不足五分之一，兹录于下。

【穿云洞】又名归云洞，在瑞岩寺九仙楼之西南，春夏之交，有云雾从洞口入，故得名。洞口阴刻行书"穿云洞"三字。

【桃花洞】在寺后天章岩右，洞口阴刻楷书"桃花洞"三字。传宋元时洞口有夭桃数十株，春日红花烂漫，故得名。

【香山洞】在穿云洞上方。洞中有石窟寺，雕释迦牟尼、文殊、普贤像。洞口阴刻隶书"香山洞"三字、篆书"无量寿佛"四字，以及谢弘仪《游瑞岩》诗刻。

【观音洞】在香山洞后，洞内有石窟刻观音大士像。

【玉虚洞】在香山洞旁，洞口阴刻楷书"玉虚洞"三字。

【第一洞天】在瑞岩寺边磴道旁，原为瑞岩山第一洞，有叶成学书"第一洞天"

四字，现因磴道升高，洞已壅塞。

【天台洞】在观音洞上方。

【天章岩】在瑞岩寺后，岩高五公丈，上阴刻榜书"天章岩"三字，乃纪念孛罗天章重兴瑞岩之功而命名。

【紫霄岩】在玉虚洞左，上阴刻榜书"紫霄岩"三字。

【义鹿冢】在瑞岩寺右侧，传为古时有义鹿葬于此，上阴刻楷书"义鹿冢"三字，另有一首咏义鹿冢诗刻于对应石上。

【醉石】在上山磴道旁，相传福建布政司参议沈晖登山时醉卧于此，后刻"醉石"二字于石上以证，另刻有"烂醉春城"诗刻一首。

【三元峰】在瑞岩寺后义鹿冢之上，由三块岩石竖立而成，上阴刻"三元峰"三字，喻"连中三元"。

【独醒石】在天台洞上方。登临此石，山风拂面，四野入目，令人有去醉独醒之感。

【蹉虎石】在义鹿冢附近。一巨石如卧虎，上阴刻"蹉虎石"三字。

【千人坐】在瑞岩寺后小山顶上。有一巨石平坦广阔，可坐近千人，故得名。

【问童处】在古进山路上。三石垒如门状，上阴刻"问童处"三字，典故出自五行诗"松下问童子"的诗句。

【孟宗哭竹】在瑞岩寺西。岩上有影，如一人在竹下掩面而泣，上阴刻"孟宗哭竹"四字。

【小昆仑】在瑞岩寺右侧，巨石摩天，上书篆书"小昆仑"三字。

【曲水流觞】在右进山道旁，传为戚继光驻节瑞岩山时，在战事之余与将士在此效王羲之兰亭"曲水流觞"之趣斗诗，刻此四字于岩上以证。

**附一**

清乾隆版《福清县志》卷之二"地舆志·山"记载：

瑞岩山，在新安里。去县十五里。山

34

多奇胜，有佛窟岩、天章岩、香山洞、天台洞、玉虚洞、桃花洞、休休台、醉石、鉴池、应潮井、一滴泉、仙人井、八卦亭、紫霄亭、义鹿冢。宋宣和间，团栾居士开岩而不及山。明嘉靖间，戚将军继光于山北辟大洞天、宜睡洞、归云洞、振衣台、望阙台诸胜。各有题咏，详见志中。

## 附二

### 瑞岩寺新洞碑

（明）戚继光

出龙江城，循山而北约三里许，山环石峙，怪状百出。山之麓有洞，桥即前人所谓白莲桥。旧蓄水种白莲，近为土人泄而田之，沧海桑田信哉。

过桥有细泉自寺墙下流为丈池，荒芜无取，余葺为流觞所。过此仰登数步为禅关，石级鳞鳞。入关转西，由级而上为禅堂，入而方丈，后为天章岩阁，俱颓然欲倾。

寺之西垣外，有弥勒石像高数丈，乃就地中石为之，镌制颇佳。余兴剧时，每集众宾坐于肩、乳、手、腕、足、膝之上，分韵赋诗，间以歌儿，鳞次高下，传觞而饮。

寺自方丈后转东为穿云洞，昔名"自在门"，穿洞而上为皆醉亭，取众人皆醉之意，即旧名山光水色亭也。后有独醒石，为皆醉亭解嘲耳。亭下有大石，刻瑞岩三十七洞天，盖总名一山岩洞之胜也。

由亭入石门，中为观音洞，有泥肖观音，古甚，因以名洞。折旋而上为过来桥，桥出石隙为危道，道穷为石隙，仅二尺许，蹑石级出其上为瑞岩，旧名半岩亭。东对巨浸，海外群山拱秀，真南国之奇诡也。余以此一山冠冕，故遂以瑞岩名。

下遵故途，至观音洞前转而北，登山皆有石砌，可以肩舆，固余所新饬也。道之左有石如虎，名之曰蹲虎石。将至山巅，有顽石颇巨，旧题"天风海涛"。旁一石甚奇峭，旧名窈窕峰，峰下为石门。石门者，一石中分，仅可独步，长约丈余。

逾此为蓬莱峰，其石秀杪而丰下，形壮而雅。余故里山东蓬莱峰阁下，此峰可因以望亲茔，故名。

逾仙穴，仰登仄径，又数十步为还丹洞。出洞由故道下蓬莱峰，左为醉仙岩。仍复故道，由右门旋级而上，数步许委折穿石下，级路甚奇，侧俯躬以出，为小洞。过小洞则两石如壁，前石如屏，石隙之巅悬一大石，名为悬石窦。出窦，循侧路高下宛转，为醒心泉。洞四围皆石，中可坐息，石下一泉，清凝莹澈，可濯可饮。出洞俯蹑，至半麓转入双龙洞。洞有二相联，俱峻石如围。仰观空阔，下见佃庐。

复入石隙，则一洞开爽邃寂，形如卧虎，可容二十余人，稍加修葺，真避世者坐炼之区也，故名之曰归云洞。内有天成圆石，琢而平之，仅容八人共弈，名曰仙枰。是日即与诸客成一局，局罢剧饮，私谓是洞盖尽一山之胜矣。

出双龙洞，相对为石芙蓉峰，其石岩岩可观，麓之西有苍松数株，旁一石肖屏，名曰石屏。由洞而西数十步，有石如伏狮。由伏狮而仰登石径，直上瑞岩大洞天。洞六方皆空，上有悬石，下可坐百人。步洞而下，入深窦，为路者二。外路由振衣台下过，颇朗爽，内由大洞天而入，乍至非张灯不可行，洞有悬石，即大洞之底石也，名为冲虚洞。幽深清绝，此其最矣。

出洞而西，上振衣台，石磴危悬，登者甚恐，或竟却步，名之振衣，取振衣千仞冈意也。

回由大洞钻隙循级而上，为飞来岩，旧名桃花洞。上有大石，阔可丈余，长可数丈，悬出，岩上下可观三面，实岩也，非洞也，故改之，且以童山无取于桃花云。

岩之上平阔，可容数十人坐卧，盖一山极高处。举目四顾，群山开阔，下临绿野，水绕诸村，可以望宸京，名之曰望阙台。刻辋川诗"云里帝城双凤阙，雨中春树万人家"一联，示不忘君也。

余雅志林壑，故伺疆事之隙芒屡选胜，聊适逸怀，遂指画部曲沈秉懿、猛士徐仲以次辟之，而景与兴契，率意命名，亦不偶然也。

别有石佛窟，即石佛岩。旧有香山洞石刻，又有所谓穿云洞、玉虚洞、天台洞、一鉴池、滑苔桥、桃花园、仙人井、通海井、仙山门、义鹿家、伏虎石、醉石、一滴泉、面壁岩，皆仍旧名，其景无足为大观重轻，且多失其处，外此尺寸之奇无虑百十余所，始不暇更仆。又旧志所载天峰亭、休休庐、八卦亭、紫霄亭、披云轩、宴坐轩、团栾庵、玄玄轩、梵行堂、华严藏、太虚室、飞泉亭、物外轩、四时景象亭，或今昔殊名，或岁久荒没，盖胜虽天造，而亦以人兴，人远则土木颓废，俱不可考也。故曰："山不在高，有仙则名。"

嘉靖四十三年丙寅秋九月，荣禄大夫、中军都督府署都督同知、奉敕镇守福浙广东伸威营等处总兵官定远戚继光撰，吴郡周天球书。

# 游瑞岩山记

（明）欧应昌

新安里有山曰瑞岩，在龙江之北三里许，而距余茶林则百余里也。余小子生茶林二十九年，得游兹山者凡几，似与山灵旧有缘耳。

兹岁闰三月，至镇城，游迹为约者滞。越四月十日，友人谢寓中来约余游，余念此中索莫久，喜欲狂矣。十一日雨，明日又雨，寓中走人持八行约又明日，且云当裹五日粮以俟晴望，余诵之又喜也，作书报之。入夜则月色满阶矣。清晨，至寓中斋头，雨师复作炉，因偕林皋卿、黄启翰、郑无争毅然携雨具往，主人尾之。出镇安门，海雾蒙蒙，世界都白，唯路上落花红粘屐齿耳。

里许，至东岳庙，雾气稍霁，雨亦渐收。见人影在苍翠中，乃为岩僧宁上人来，因余辈游，复偕返，游兴为之顿增。又二里许抵瑞岩山下，过滑苔桥，寓中指桥下污邪，曰："此旧种白莲处也。"余谓沧海桑田未足深怪，第令千年佳胜为一片淤泥，可恨也。

转桥北径行，旁有醉石，石醉长松数本，团翠袭人，一种幽绝便与市厘隔若千里。一入佳亭，菁葱映面，雨珠从树梢坠下，泉韵琤琤，作玉佩声。亭边掬水绕流，仿兰亭遗迹云。

先至弥勒堂，堂有石弥勒坐像，高数十尺，天然妙相，丈六金身不如也。由堂后望三片石，达瑞岩寺。宁上人先从寺径入，余数人到寺，而上人新茗已出松厨矣。

坐禅房少顷，微日照窗，门外禽鸟声

相续。出寺天划然开，云如席卷，诸峰尽出青芙蓉，喜甚。

由穿云洞出海天空阔亭，复由亭右入观音洞。洞为巨石嵌成，中有大士像，故名。石上多宋元时刻，薛苔绣织，雨气润之，甚模糊不可读。洞之石有桥，曰过来桥。从桥上出虚旷处，悬崖陡削，仅一片地如几席，即前朝半边亭址也。折而西，有一石户，偻背方得入内。磳磴垂梯，蹑之而上，出于洞之顶门。巨石，坦者可坐，如立壁者辇石为轩，断崖者架石为桥，竦然竖者，镌曰"独醒"，小石塔表之。凌风超忽，飘然欲仙，海色茫茫，睇之有宇宙外想，亦一奇区也。

寓中促余亟游新洞，从故道而下，出观音洞，欲入天妃宫不果。由山径行，蹲虎石在道左，生气凛然，令人毛竖。

陟山径至巅，窈窕峰在焉。旁为蓬莱峰。纡行百余武为望阙台。读少保戚公诗，不觉心壮，因与皋卿诸丈坐石盘，谭少保开新洞事，意少保当海氛告急，以贞忠实绩再造吾闽，戎马羽书，劳亦甚矣，顾暇鼓其余力，迹秘洞而辟之，别洞名而镌之，间复杂以题咏，令兹册之烟云生色，涧壑扬声，而昔人未毕之志，一旦赖以有成，真为宇宙内一大伟人，宁直以勋业名世者耶？皋卿曰："丈夫雄心既展，不寄怀山水，便使宦情俗矣。"

语讫下，抵飞来岩，岩即台之石背，虚出数丈，宛若飞来者。岩下可达大洞天，行三四折，皆崎岖曲蹬，四围乱石奔拥，石隙处邃险莫穷，灌莽交错，虫声鸟语，乍寂乍喧。至洞一番旷朗，遂就饮焉。

洞之底，玲珑盘曲，有窦可穿，名冲虚洞。饮已，欲一入，乃宿雨初消，宿汀倍昔，竟止。

由岐径登蹑至振衣台下，台岿然一石，旁一石如偃月状，就石凿级，峻不可登。因命一奴先，余与诸丈后先接诀，相顾咋舌。至上，大发一笑，险阻为坦夷，恐怖为欢喜，一瞬之顷，成两截境，而人心亦随之矣。极目远眺，景象超绝。辰山、文殊障其北，黄檗、石竺表其西，覆釜窥其足，网山、钟山峙其南。高者若拥，低者若承，浮突者若云矗波涌，凌鹜者若鹤骞鸾翔。且玉融一水，若白虹，若素练，萦回数里，拂龙江桥下而东趋。山下阡陌连壤、在在村落若棋田置，若星罗，烟火相望、鸡犬声相闻，田原白鸟，共起齐下，倏而林树点白，倏而沙洲迷色，随景会心，种种佳胜，盖有不能既者矣。

下为醒心泉，一掬冷然，饮之，凉如冰沁。复下为归云洞，戚公洞记称其开爽邃寂，真避世修炼之区。顾甚芜秽，怅恨者久之。

即出洞，蹒跚而上，历悬石窦、小洞、醉仙岩，度石门、仙穴，穿还丹洞，屈伸俯仰，惟石含矸石因磳之所为，而新洞之奇殚矣。行到镇远亭，谢伯明、陈郢客、僧海宁先已具酒相待，慰劳良苦。余曰："差胜人凸坦途耳。"酌于亭之废址，抚景嗟悼，至有不能喻之于怀。因浮三大白而起，探观海窍、叹异其奇，遂赋古体为林皋卿，以海窍为皋卿自号云。

归寺，余兴未阑，仍从寺后达九仙楼。楼颓敝无梯，攀跻上之。谒九仙毕，搜壁上题咏，有佳句辄引无争手录之。无争是夜宿山中，送余辈桥头而别，遂仙凡判俄顷矣。

嗟夫！山川之趣亦因年而悟。余乙巳来游，年尚少，遍览诸胜祇为寻常。兹阅五六年所，渡琉球，走燕赵，历变故，急衣食，尝异国之风波，涉世途之荆棘。故是游也，坡榴麓，陟巉峋，望江山，访壑，皆有以增其逸宕之气，散其穷郁之思，重其古今顿殊之感。虽鸢鷃之抢地贻笑于图南，河伯之望洋自失于海若，然趣具在我，即登诸嵩、华、衡、霍，游诸孟诸、彭蠡恐不出此。因为是记，俟后来之趣较若何也。

万历庚戌四月既望，莲汀居士欧应昌记。

## 附四

# 瑞岩山诗

## 宜睡洞

（明）戚继光

共爱朝曦好，吾怜夕照斜。
听桡归晚渡，看鸟篆晴沙。
啸发悲高叶，杯空落断霞。
醉衔三尺舞，直欲挽天槎。

## 瑞岩

（明）王一言

灵岩多胜概，开辟自何年。
异鹿留青冢，荒池断白莲。
泉飞山窦雨，树接海门烟。
欲觉浮生事，相携问九仙。

## 同屠仪部、邬使君、茅将军谢山人、周太学游瑞岩

（明）阮自华

郭外青山窅，萧然绝市喧。
经声黄叶寺，野色白云村。

新留飞禅榻，寒萝引洞门。
林间看海月，更与尽芳樽。

## 游瑞岩

（明）屠隆

结伴徐穿洞壑遥，精蓝突兀起山椒。
经秋树色含江雨，入夜钟声带海潮。
岁久寒萝生佛像，云深修竹护僧寮。
歌筵晚散禅台寂，独语精灵香不销。

## 夏日游瑞岩

（明）李柱

### （其一）

四望山光积翠重，扶筇踏遍玉芙蓉。
悬崖雾隐栖猿洞，偃塈涛生惊鹤松。
穿径转迷青霭合，攀岩空窈绿萝封。
凭虚便欲御风去，夜月吹笙过碧峰。

### （其二）

层峦环合翠如屏，山下松关静不扃。
洞里莓苔深隐绿，岩前草树远浮青。
百年风景催双鬓，万塈烟霞总一亭。
归去林间无别业，白云深处有松苓。

## 题瑞岩

（明）徐火勃

云际诸峰列翠屏，振衣台上俯沧溟。
龙鳞老树摩天碧，螺髻浮山隔海青。
怪石何年镌佛相，幽岩从古集仙灵。
到来便欲迷归路，流水桃花洞不扃。

## 山光水色亭

（明）李林井

叠嶂积浓翠，暗波漾秋碧。
游子澹忘归，羁怀从此释。

## 过　来　桥

（明）陈曾

凿石架虚壑，晴虹挂林末。
珍重过来人，云深绿苔滑。

## 山光水色亭

（明）施德政

山光本无光，水色亦非色。
身在山水间，光色谁人识？

## 宴　坐　轩

（明）施德政

山中无所事，抱膝自高吟。
一日当两日，悠然物外心。

## 望　阙　台

（明）戚继光

十载驰驱海色寒，孤臣于此望宸銮。
繁霜尽是心头血，洒向千峰秋叶丹。

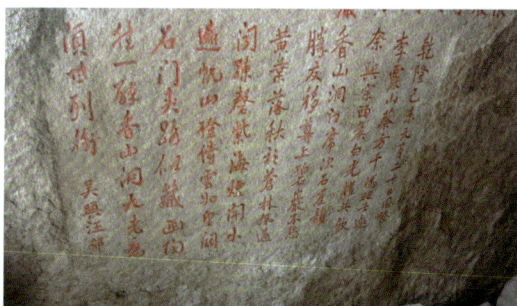

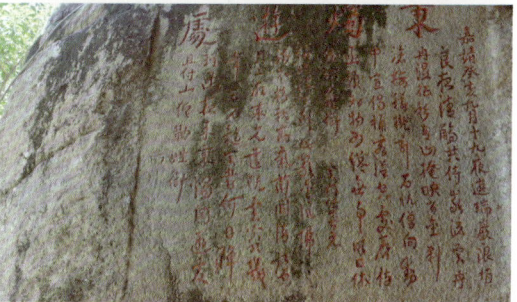

# 第六节 一都风景区

一都是福清西部的一个山区镇。该镇境内山峰连绵，沟谷纵横，林木葱郁，生态保持良好，是福清西部风景区的重要组成部分。

一都风景区含大后溪风景区、龙屿溪和东关寨。

大后溪风景区位于一都镇的南边，素有"水上绿宝石，东方第一漂"的美称，与永泰县毗邻，距福清市区38千米，距324国道甘厝口30千米，交通便捷。该景区与福清市西部的东张水库、南少林寺、灵石山国家森林公园、东关寨相邻，形成福清生态旅游链。

一都风景区气候温暖，全年湿润多雨。林木基本上属于原始次森林。大后溪发源于一都镇境内的东斜、火烧仑、庄厝，溪水流入永泰县境内，注入大樟溪，汇入闽江。在福清境内河道全长19.3千米，流域面积32平方千米，集雨面积37平方千米，年均降雨量为1500~2000毫米，流量为18.56立方米/秒。

大后溪漂流河道总长6千米，漂流时间3小时。该河道无暗礁、漩涡，河道地质稳定。福清市东方生态旅游公司开发的"东方第一漂"的大后溪旅游项目，不仅填补了福清市体育专项旅游的市场空白，还开创了福清市民营经济投资开发旅游资源的先例。

"东方第一漂"有58个大小弯道，河道总落差28米，水流湍急，河床坡度适中，有急流刺激点5处、险滩19处、叠水区14处、缓流区8处，顺流有龙潭、和尚潭、水茫潭、龟岩潭、姜母潭、观音潭等景点。两岸风光旖旎，空气清新，山高林密，令人流连忘返。游客随艇漂流而下，时而白浪翻滚，时而波澜不惊，既可充分体验挑战极限的惊险刺激，又可享受温馨浪漫的自然情趣。

从起点码头驾艇漂流，途经的第一个景点是龙潭。潭深3.5米，像一条盘旋起伏的海龙。其上方形巨岩是"莲花岩"，仰首而望，岩壁上呈莲花图形，惟妙惟肖。龙潭下游是"和尚潭"，从前，潭的对面有一座和尚庙，潭因此得名。这一带的河道最曲折，水声咆哮，水流湍急，跌宕起伏，异常惊险。漂过动感刺激的和尚潭，水流渐趋缓慢。两岸挺立着两块巨岩，形若乌龟，一公一母，遥相对望，这便是"龟岩潭"。从"龟岩潭"至"水茫潭"一带，河道更宽阔，水流更平缓，这时可以放松紧张的心情，任艇随意漂流，悠闲地欣赏两岸茂林修竹、斑斓花草。大后溪的终点在"观音潭"附近，潭深9米，水色碧绿，深不见底。

大后溪风景区还有"仙女瀑布""飞龙瀑布""天池""丁岩峰"等景点。"丁岩峰"为大后溪最高峰，其上有一"天池"，相传是天上陨石掉到丁岩峰，砸出一口巨大的石坑，宽40多米、深10多米。"天池"之水清冽芳甘，含多种矿物质，饮罢不仅可以治病，还能延年益寿。

"仙女瀑布"距"和尚潭"有一个多小时的路程，瀑布落差十几米，宽8米，一年四季长流不断。相传，天上的仙女爱慕这里的景色，常来此沐浴，因此得名"仙女瀑布"。往上再行走约40分钟，便是"飞龙瀑布"。瀑布顶端岩石如龙头，巨大的流水从龙口飞喷而出，倾注到下边的深潭，高达15米，发出巨大的声响，非常壮观，使人联想起李白"飞流直下三千尺，疑是

银河落九天"的诗句。据村民介绍，自古以来飞龙瀑布之上住着数户人家，远离现代文明，过着男耕女织的生活，在改革开放的大潮中，山下丰富多彩的生活吸引了他们，他们这才举寨搬迁下山，遗址便成了好奇者寻古探幽的景点。

景区设施完备，每当丰收季节，万亩枇杷林更是引人入胜。景区还开发了皮划艇漂流、瀑布景区观光、野外烧烤和宿营等旅游活动项目，还将筹备开发攀岩、滑索等体育活动项目。

大后溪漂流能满足人们崇尚自然、回归自然、挑战自然的需求。在这里，可以聆听大自然的天籁之音，忘却世俗的所有烦恼。

龙屿溪蜿蜒在山峰间，曲折迂回，注入大樟溪，迳通闽江。溪水清澈明净，飞瀑流漱。两岸群山连绵，林翠竹碧，阡陌毗连，呈现出一派美丽的田园风光。行走在赤鲤溪边，空气清新，使人一洗尘染，心旷神怡。

东关寨在一都镇东山村，距镇区约2.5千米。始建于清乾隆六年（1736），是由当地村民为防兵匪而筹资兴建的，历时十年建成。东关寨坐东朝西，位居半山，依山而建。全寨进深76米，宽55米，占地

面积4500平方米。寨墙下半部用花岗岩块石垒砌，上为夯土墙，高约10米，墙厚2米。寨墙上设哨廊，可供跑马巡视。寨墙留有小窝，可作瞭望及射击用。寨门由巨石框和重阳木原板门构成。门顶有水箱及出水孔，可防火攻。

东关寨内房舍鳞次栉比，呈长方形沿中轴线对称布局。共有三进，由门厅、正厅、后院及两侧附院组成，土木结构，上下两层，共有大、小房间99间，规模宏大，现在仍有居民在此居住，为省级文物保护单位。

# 第七节　万石山风景区

万石山位于福清市东南 50 千米的东瀚镇南端，又名"盘石山""磐石山"，跨陈庄、海亮、佳乐、西安 4 村，因山岩裸露，万石陈列而得名，明人赋诗描述其雄伟之势："群峰争赴海，万石欲参天。"明代叶向高《东游漫记》称："万石山之奇，为洞，为岩，为堂，为奥，为窍，为突，为穴，为窟，焕若神明，俨若幻化者，在在皆是，不可胜穷。"其原本没有山名，后来欧应昌写了《万石山志》才定名为"万石山"。

万石山，顾名思义，漫山奇石，如羊群遍野。海风刮来，颇有岑参"轮台九月风夜吼，一川碎石大如斗"的意境，好像老天爷把其他山上各种各样的石头都赶到了这里。民间传说，这漫山的奇岩怪石是罗永驱山填海功亏一篑之所遗。

万石山方圆 35 平方千米，其余脉延伸而成众多的山壑、岩谷、海湾、港汊，造就独特的地貌。乱岩怪石大者如峦似岭，小者如杯似盏。万千奇石相依相叠，若人

若神，若禽若兽，无不惟妙惟肖，呼之欲出。这里峰绝、岩奇、洞幽、林深、滩广，美不胜收。

万石山自然景观是洋洋洒洒的宏篇巨幅：花村景区有飞来洞等30个景点；茶园景区有鲤鱼钻沙等30个景点；佳塘景区有南天一柱等35个景点；宏溪景区有四面观音等30个景点；西安景区有水磨潭等20个景点；万安景区有塔寺闻涛等30个景点；莲峰景区有烽火台等10个景点；大壤景区有古井等20个景点。

景点主要有观日台、岩影观音、鸡石、掌石、黄桃石、佳塘洞、峨眉洞、雨燕石、宜远岩、孤峰独耸、四面观音、神雀、蟠桃石、美女横陈、琴童、西天门、莲花洞、莲叶岩、三层楼、振衣台、锦带围、半卷书、葡萄岩、金刚足、翔凤峰、凤凰台、巨蟒入洞、一线天、大洞天、玉女峰、掉尾龙、神龙、屏风羽扇、笔架石、归云洞、宿云窟、仙房、鳌石、聚仙台、神女、天然碣、和尚背尼姑、石桃、美女照镜、指动石、仙掌石、朝天鲤、十八罗汉、攘鸠石、独坐石、鸠石、睡仙、坐吟台、飞来洞、白云坞、天书宝函、仙井、一斤瓦、五幅屏、仙龟、伏地狮、三仙聚会、灯火挂壁、鹬蚌相持、龟蛇相会、三盘寮、翘秀龛、覆鼎窝、宁德公石、尼姑井、出米石等300多处，人称万石山"有石皆成佛，无洞不纳仙"。意大利一位客商曾风趣地说："东瀚人躺在金山上。"当年，南京政府曾从东瀚鸡湾沃口采集花岗石海运到南京建造中山陵，故有"步入中山陵，方晓鸡湾石"之说。

万石山三面临海，沿岸有万米长沙滩7处，大小岛屿20多座，登高远眺，海际茫茫，潮涨潮落，舟船点点，海鸥翩翩，尽收眼底。万石山山峦起伏，林木茂盛。野禽成群，锦鸡四伏，是狩猎的好去处。北部第二主峰罂山南麓有千年古刹护国寺，现已修葺一新，成为众多香客的朝拜圣地。

万石山以洞多而闻名，其中石宾洞、佳塘洞、灵栖洞、宜远洞、花林洞、茶园

洞尤胜，石洞容纳千百人者不计其数，大者甚至可容纳万人。桑仔洞在佳东村环青自然村北，宽2米、高3米，为万石山第一大洞，从洞口探头而望，可见首洞有石阶向下延伸，不知多少人试图探洞，都因照明设施不足而作罢，常有身粗如碗口的蟒蛇出入，据说循洞可达平潭岛。

万安所城是明代福清著名古城，依山面海，全部由花岗岩方石构筑，原城墙周长1733米、高5.3米，上有城堞827个、警铺13座、敌楼18座，城门上有4个洞，

易守难攻，当时建制为千户所，城内石街迤延南北，两旁屋舍俨然、鳞次栉比，尚有祝圣庙、关圣殿、天后宫、文昌阁、观音阁等宗教活动场所。

祝圣宝塔位于万安所城东北部海边的山坡上，建于明万历二十七年（1599），八角七级，由花岗岩构成，塔心有石阶可达塔顶。塔高20余米，基底为莲花须弥座，饰以狮子戏球等浮雕图案。底层塔门两侧嵌有两尊威武雄壮的武士。从第二层开始，

各层每一面都镶有浮雕罗汉一尊，神情各异，可惜碑石上的碑文经数百年风雨剥蚀，已难辨认，只依稀可见阴刻篆文"明刘侯建塔碑记"。

护国寺在万石山北部，始建于唐开元三年（714），依山而建，巍然嵯峨，有殿堂108间。护国寺东侧有一石洞，为"飞来洞"，洞口有一巨石，形似鹁鸪，称为"鹁鸪石"。相传古时有一位皇后患上头痛顽疾，御医束手无策。皇上便诏示全国，寻求名医，遍访神方。有护国寺法师以万石山常见的鹁鸪的脑浆制成药方，兹献皇上，治好了皇后的病。而被取出脑浆的鹁鸪便化成巨石，留在护国寺。

龙井在万安所城外，虽距海不远，但井水清冽甘甜，被称为"玉融第一井"。龙井深约3米，直径2米，井口有巨大花岗岩井盖，井盖上依东西南北中各凿直径约0.4米的圆孔一个，共五个，故又曰"五目井"。

观日处在万安所城东门外，古时此地有古寺在海潮庵，现废。在海潮庵遗址前有一块巨石，前临悬崖，石上有臀痕，传为叶向高坐此观日时留下的。在此，可见朝阳跃出海面的壮观景色。

# 第八节　仙井岩风景区

仙井岩位于镜洋镇境内福厦路东侧的磨石村，山边有一口古井，故得名。山上景色别致，胜似蓬壶，雅称"壶山"。

仙井岩怪石林立，令人称奇。著名的"笏石"高达 20 多米，巍然屹立在乱石之中，微微后仰，无所依托，直插云霄，俨然一块大臣朝拜皇上所用的牙笏板。站在岩下抬头望去，空中数朵白云缠绕其顶。笏石顶上悬着一块大石，仅挂着数寸在上面，大部分是悬空的，摇摇欲坠，说来奇怪，经过多少年风风雨雨，它依旧岿然不动。

绕过笏石，一堵巨大的石壁耸立眼前，高约五六丈，宽约四五丈，如刀削斧劈般平整光洁，人称"翠壁"。

　　仙井岩另有一个石群令人称绝，其中有块数十吨重的巨石并不合群，它横空而出，突兀独立，状似"蜀犬吠日"，又似"海狮浴日"。往前望去，山的右侧有一块20多米高的巨岩，中部悬着一方平台，可立十余人，平台上部的悬崖宛若一面镜子，高6米、宽7米多。

　　"聚仙台"在仙井岩的最高处，似蓬莱仙阁，三面临涧，凌空欲飞，有石栏可资远眺。要上聚仙台，需穿过一个小洞，小洞仅容一人弯腰而过。岩上长巨松，亭亭如盖。与古松相对的危岩上，刻有明代黄梦麒写的"聚仙台"三字。

　　仙井岩除了仙井，还有仙洞、仙桥、仙船、仙台、仙松、文昌阁、朱子祠、叶向高书屋、观音堂、武安殿、五帝庙等。摩崖诗刻知名的有三处。一是叶向高草书诗刻，高3.1米、宽1.3米；二是明末林汝翥行书诗刻，高2.3米、宽0.83米；三是清初施起元楷书诗刻。

"门榕"位于通往仙井岩的途中磨石村的壶山寺旁，树龄百余年，原来的古榕树根紧贴着门框和屋墙，与屋体的砖石瓦木浑然一体，后来屋子毁坏，而榕树历百年风雨不倒，形成屋子轮廓形状，堪称一奇。

# 第九节　南岭风景区

南岭风景区位于福清东北部的南岭镇，总面积 8.16 平方千米，以山岳、山地草原、峡谷、林相为主体，主峰海拔 633 米。

南岭全境均是滨海低丘山地，山峦叠翠，林木蓊郁，山间清溪流淌，飞瀑飞漱，夹以多个人工湖。夏季气温比平原低 3~5℃，是夏季度假的好去处。

南岭风景区内有一片广阔的山地草原，面积近千亩，草原上放牧着闻名遐迩的南岭黄牛和高山羊，这里是福州地区最大的山地草原和天然牧业基地。因气候温和多雨，四季常青，夏秋雨季更是野花如锦，香气袭人，吸引了许多游人不远千里慕名而来。

南岭风景区内还有许多迷人的风光，如风动石、仦仔山、狮头峰、鳌头崎、老瀑洞和梨洞人工湖等。其中狮头峰是东海观日的好去处，观临山巅，可见一轮红日跃出东海的磅礴景象。鳌头崎怪石嶙峋，奇峰耸立，峡谷幽深。梨洞人工湖碧波荡漾，山光水色加上丰富的人文景观，令人流连忘返。

在南岭风景区内，游人还可享受到用本地最新鲜的"南岭牛仔肉"烧烤的美味，游人大快朵颐，齿颊留香，深感不虚此行。

# 【滨海风景】

福清背山面海，东临福清湾和海坛海峡，南濒兴化湾，海域面积近千平方千米，海岸线长达三百多千米。岸线曲折，海湾广阔，山海相搏，岛礁列布。又多海蚀地貌，石奇洞幽，沙净水清，乃滨海旅游之绝佳去处。其中东壁以度假为胜，目屿以亲海为最，江阴既宜游山又适玩海，且可参观现代工业和大型港口，更有罕见的沁前东龙湾海水温泉，可涤去游人一路风尘。

# 第一节　东壁岛滨海风景区

东壁岛位于龙田镇东部,北望马祖岛,东拒海坛岛,为燕山期花岗岩构成的大陆岛。东壁岛是一个闻名遐迩、富有吸引力的海岛,风光旖旎,堪称海上仙山。东壁岛古名"瀛洲",明抗倭名将戚继光在福清时将其视为海上壁垒屏障,后改名"东壁"。东壁岛南北长3.88千米,最宽处1千多米,面积2.64平方千米,海拔85.7米,海岸线长12.38千米。东壁岛原与大陆之间有4千米宽的浅海,涨潮期间以船渡,退潮期可徒涉。2005年完成围海工程,现已与大陆连成一片,公路直达岛上。

岛上有神奇的"不老泉",人称"死海";有体现闽人远古"蛇"图腾崇拜的"九使公"信仰。岛上的山就以九使命名,山上有一个神秘的洞,传说有巨蟒出没。洞深不可测,可通海对岸的东营村和三山镇嘉儒村。当地曾有村民想探洞,可一到洞口,所有照明物就全部熄灭,村民因为信仰九使公,认为那里是九使公住所,为了尊重九使公使其免受惊扰,就把洞口封住了。山上还有许多处奇岩异石,著名的有"双

猴观天""小猪亲吻""五指石""男根石""女阴石"等，相映成趣，极具观赏性。

2003年，政府决定对东壁岛实施围垦，该工程是迄今福建省最大的围垦项目，总投资4.44亿元，围垦海域面积28.933平方千米，新增高效农业种养殖区8.933平方千米，并可保护周边地区约20平方千米，使数万人口免受风暴、海潮的侵袭。

东壁岛自从围垦后，形成了独特的旅游风景区，依山傍水，具有海滨的阳光、沙滩、大海、海鲜"4S"旅游资源，是福建省重点的休闲度假旅游区之一，在这里可以疗养健身、鉴赏艺术、做海上运动、体验民俗、观海景、品美食、做沙滩沐浴，还可以洽谈商务。目前东壁岛已获评3A级旅游景区、福州十佳景区、福建省休闲渔业示范基地、中国最美的渔村。

当晴空万里，举目四望，碧波荡漾，远山若隐若现；当夕阳西下，漫步沙滩，任由海风轻拂脸庞，仿佛置身蓬壶之中；当华灯初上，渔舟唱晚，时鲜海味，满屋飘香，感觉十分惬意。登岛上九使山主峰，全岛风光尽收眼底，海浪拍岸的声音与鸥鸟的欢唱，汇成美妙的交响乐曲。在岛上可坐凉亭、观大海、听海涛、看落日、住木屋、赏秋月、品海鲜、洗海浴、游海滩，因此，这里成了许多游客休闲度假的首选之地。

　　岛上每年都举行放焰火、放孔明灯、放莲花灯、拜月许愿、烧砖塔、海上观明月等民俗活动，充分体现了海洋文化、宗教文化所沉淀的丰富内涵。目前拟再投资 10 亿元扩建二期工程项目，包括九使山景观、海底温泉、航线游艇等项目，将建设两区一街、两湖一山、两滩一岸，一旦建成，东壁岛将更具吸引力。

# 第二节  目屿滨海风景区

目屿岛古代曾为监海哨位，位于沙埔镇西南端，与牛头尾隔岸相对，是龙高半岛在海上的延伸部分，南北长2.9千米，东西宽10千米，海岸线长10.1千米。全岛面积4平方千米，岛上有36个大、小港口。岛形酷似一匹野马，东部山峰挺拔，成马头高昂、乘风破浪之姿，故又称"野马屿"。

该岛南毗湄洲，南日群岛近在眼前；东望海坛，与万安所城仅一水之隔。与牛头尾相隔1500米的海峡，称为"牛头门"，是福建省海上交通的南北要塞。牛头尾港水深且浪平，是兴化湾北侧的天然良港。随着高牛公路的开通，这里已成为投资创业的一方热土。

目屿岛属低山丘陵岛屿，全岛最高海拔101米，地势东西部高、中南部低，年均降雨量1180毫米，冬季多为东北风，其他季节多为东南风，属亚热带海洋季风气候。

优质的沙滩和海水浴场为在福建省内实属罕见。岛上植被以抗风的针叶林为主，东北林场有部分针阔混交林。岛上景观可分为以下四大类：山石景观、海域景观、生物景观和农业景观。

目屿岛山色妙在天然。岛上奇岩怪石错落山间，似人、似兽、似物，惟妙惟肖，呼之欲出。这些山石，有的是山水流失后裸露出来的山骨，有的是经长期海蚀后风化形成的。山石中现已定名的有 88 处，主要有济公醉酒、达摩行动、唐僧诵经、玉蟾望月、海狮浴日、花狗戏水、蜗牛晒日、杜鹃啼月、蟒蛇出洞、饿狗扑食、锣鼓通潮、玉柱擎天、落剑残阳、白云仙踪、千面人、武士岩、老人头、迎客龟、鹰王峰、青蛙石、烟狼鼻、蟹夹洞、海月岩、双各杯、雷劈岩、鸣泉洞、镜台石、试剑石、凌云顶、聚仙台、笔架山、犁头岩、珠帽峰、照天镜、一线天、石鳌、珠山、石火、石帆、石棺、石门、石镜等。在山巅俯瞰茫茫大海，只见白鸥掠浪，舟楫穿波，山外有海，水中有山，山水相映，天水相连，青山绿水，金沙雪浪，松风海涛，令人目不暇接，心旷神怡。

这些景点大都蕴含美丽的传说。在一线天西侧有一石鳟，宽仅 0.45 米，外壁高 2.5 米，厚仅 0.3 米，俗称"石板"，其顶部夹住一巨石，重约千斤，形似元宝。若有人欲取此宝，一摇即猛烈晃动，难以取下。相传，若取得下，石板即会变为真元宝，遗憾的是千百年来，此石依旧无人能取。

十八戏窿也流传着一个悲壮传说。该景点位于饿狗南侧巨岩之下，相传其原为明代戏班演员为逃避倭患而藏身山洞，因带有小狗，吠声被倭寇听到，但洞深不见底，倭寇不敢入，遂放毒气熏洞，十八位戏子宁死不屈。从此，每遇大雾之日，洞内传出锣鼓之声，传说戏子们死犹不甘，冤魂未散，一有浓雾便以为倭寇又要放毒气，遂以锣鼓助威抗倭。

目屿滨海风景区有多处滨海沙滩和广阔的岛周浅滩涂，高潮位时是冲浪、垂钓、海上摩托等的良好场所，低潮位时又是堆沙、拾贝、淘小鱼的绝佳去处。尤其在日出、日落之时，远处天边彩云如锦，近处海水、沙滩一片金色，置身此境，心旷神怡，恍若天外之人。

满目瑰宝的野马屿，是大自然历经千万年而精雕细琢的一幅杰作，良好的自然资源条件使目屿岛成为优美的具有山、海、沙、石特色的福建省级海岛度假型风景名胜区。每年4—11月，是旅游适宜期。众多旅游者来这里观光、游泳、野炊、夜宿，榴裙倩影不绝，欢声笑语不停。

# 第三节　江阴风景区

江阴岛原是一座孤悬于海上的岛屿，位于福清市西南部，南濒兴化湾，东隔东港水道与龙高半岛相望。全岛南北长 18.5 千米，东西宽 3.5 千米，面积 69.5 平方千米，海岸线长 55 千米，是福清市第一大岛，福建省第五大岛。1970—1978 年，在江阴岛西北部进行柯屿围垦工程，把江阴岛与渔溪、上迳和江镜相连，形成了半岛。1992 年，又在江阴半岛西部进行过桥山围垦工程，至此往日的海上孤岛完全与大陆连成一片。

江阴雅称"白屿""玉屿"，山海交汇，风光秀丽。江阴的地势西北高而东南低，西北部群峰连绵，山海相逼。东南部有一片小平洋，地势平坦，沟渠纵横。在江阴的东部光化湾东港上分布着许多大大小小的屿礁，星罗棋布，各具风采。江阴的气候属南亚热带海洋性季风气候，夏季高温多雨，冬季温和少雨，终年日照充沛，年平均气温 19℃左右，降水量在 1000 毫米上下，十分适合进行海滨或海上休闲度假活动，具有很高的滨海旅游业开发价值。江阴风景区包括西北部山地景区、东南部滨海景区和屿礁风景区三部分。

西北部山地景区以江阴最高峰海拔 429 米的双吉山为中心，连绵十余座大小山峰，古时林木繁茂，其中松树最多。风拂松林，松树随风摆动，犹如海涛澎湃，自古有"玉屿松涛"入列"玉融十二景"，并有鸿休岩、岛巢岩山、铁坑山、璃田寺及东岳庙等名胜。

【鸿休岩】在双吉山巅，相传为唐代高僧鸿休结庐修持处。鸿休，又作鸿麻，江阴人，俗姓翁，自幼出家，曾孤身一人在双吉山一巨岩下结庐修悟，后应福清县令之请成为黄檗山万福寺住持。黄巢义军转战福清，鸿休为掩护一方僧众，毅然只身护寺，后被杀害。

【鸟巢岩】也在双吉山巅，相传为唐代高僧鸟巢和尚结庐修持处。鸟巢，名道林，原为杭州灵隐寺僧人，性喜登高，常在秦望山的一株松树枝间搭巢居住，故人称"鸟巢和尚"。诗人白居易任杭州知府时，见其高踞树梢，曾劝其下来，言："得无危乎？"而鸟巢和尚不但不听劝，反而诘问："如公所处则危甚。"白居易由此感悟，皈依佛门，并赠以诗作，二人成为至交，在佛门和诗界均传为佳话。后来鸟巢和尚云游四方，来到江阴双吉山，见此地岩石嶙峋，松涛盈耳，海色山光，便在此结庐，后人称之为鸟巢岩。

【铁坑山】在江阴西部，山体通红，寸草不生，产铁矿石，有古代先民冶铁遗址。

【璃田寺】在江阴西北双髻山北麓，建于半山腰上，始建于唐代，历经翻修，为江阴第一大佛教寺院。寺门与石竹寺遥遥相对，香火鼎盛。四周山石峥嵘，林林苍郁，夏日更是山风习习，为避暑胜处。

【东岳庙】在江阴中部岭口岭上，是一处道教庙观，奉祀东岳大帝及道教众神，

与福州东岳庙并称闽省两大奉祀东岳大帝的庙宇。每到农历三月二十八日东岳大帝诞辰日及七月十五日中元节，都有大规模祭祀和游神活动。

江阴东南部滨海风景区有长约 5 千米的滨海沙滩和数千亩浅海滩涂。滨海沙滩水清沙白，更伴有数百亩防风林带，是夏日海泳消暑的好去处。几千亩浅海滩涂盛产鱼虾、贝藻，是体验渔家生活的绝佳之所。

近时又建有以天然肖形石——玉玺石为中心的"玉玺山公园"，小巧玲珑，可远眺江阴码头全貌，值得一游。

江阴东部兴化湾东港海上岛礁广布，其中面积最大的小麦屿有居民数百人，是福清著名渔村，村中保留有成片 20 世纪五六十年代所建的石屋，尽显渔家风貌。岛屿四周浅海滩涂礁石遍布，盛产坛紫菜。礁石下多石斑鱼，是进行海钓的好地方。距小麦屿南约 2 千米处有一个无人岛——牛屿。牛屿上有许多海蚀礁石，如雕似琢，十分奇特。另有一石洞，广如小厅，内有清泉一眼，泉水甘洌，可谓一绝。牛屿四周礁石上长满了巨大的太平洋真牡蛎，当地人称"草鞋蛎"，可供烧烤。牛屿孤悬海上，人迹罕至，保留着原生状态，是难

得的海岛野游之所。

江阴风景区交通便捷，可通过渔江公路、新江公路和高速公路直达，并建有星级酒店，便于接待八方游客。

# 第四节　三山沁前东龙湾海水温泉度假区

海水温泉是海水渗进海底地质裂隙且又被地壳压力挤压出来的具有较高温度的泉水。其中因含有大量淡水温泉所不含的微量元素而为人们所钟爱。

三山沁前东龙湾海水温泉度假区建于福清市三山镇沁前村附近的东龙湾浅海滩涂之上，是世界上罕见的可被利用的海水温泉之一。据报道，地球上由于海底火山活动和地壳裂缝，有许多海水温泉，但多分布在深海地区，而难以利用。目前已被开发利用建成旅游度假区的仅有意大利西西里岛夏卡城海水温泉、日本九州鹿儿岛砂蒸海水温泉、中国台湾绿岛朝日海水温泉和中国山东青岛即墨鳌山湾海水温泉四处。

三山沁前东龙湾海水温泉，可开发面积达 8.8 平方千米，其中陆域面积 3 平方千米，水域面积 5.8 平方千米。温泉产生

于海底辉绿岩脉与围岩的接触带和构造裂隙中，最高水温可达 53.2℃，水质系氯化物钠钙型海水，水中溶解总固体物达 14074.10 豪克 / 升，偏硅酸达 65 毫克 / 升，pH 值为 7.22，偏碱性。海水温泉中多项指标均达到国家制定的矿水命名标准，其中溴、锶、硅、砷达命名矿水指标，氟、偏硼酸、偏砷酸达具有医疗价值浓度，氡达氡矿水浓度，是一处难得的具有很高医

65

疗保健价值的优质矿水资源。

　　三山沁前东龙湾海水温泉度假区所在地区滩平浪静，不但有广阔的滨海沙滩，葱郁繁茂的沿海防护林，优美的乡村风光，丰富的山海资源和可口的农家美食，而且气候宜人，交通便捷。目前只完成了第一阶段开发，开始接待游客。规划东龙湾海水温泉度假区以温泉度假为龙头，分阶段开发滨海休闲区、海上游乐区、休闲人居区、酒店会议区和探险游乐区等一系列旅游休闲项目，将建成吸纳国内外游客的综合性旅游度假区。

# 【园林风情】

中国园林是聪明智慧的先辈们师法自然又美于自然的杰作，被誉为立体画卷。福清，古有『文献名邦』美称，据载：古有豆区园、锦山园、积翠园和西园等四处私家园林。奈因世事变迁，迄今仅余豆区一园。幸得近年来在城市建设和新农村建设中各地新建大小公共园林百余处，其中以福庐、灵石、松涛、滨江和天生为最，是市民和游客休闲、娱乐的好去处。

# 第一节 灵石山国家森林公园

灵石山国家森林公园位于福清市东张镇三星村西南方，其前身是灵石国有林场，创办于1957年，1992年经国家林业局批准，建立灵石山森林公园，2001年更名为灵石山国家森林公园。

灵石山国家森林公园距福州市区63千米，距福厦公路16千米，公园总面积2.275平方千米，森林覆盖率达93.4%。公园内规划有十大景区、百处景点，以其茂密的森林、优美的风景、清新的空气和悠久的佛教文化而闻名遐迩。

公园有天然原始森林近万亩，其中连片的有5.7平方千米，多为阔叶林。现有树木100多种，其中包括国家级珍贵树木桫椤树、银杏树、金钱松、三尖杉、福建柏、

香樟等，最引人注目的是灵石寺前的21株千年古树，包括重阳木和榕树。

灵石山国家森林公园有林茂、山雄、水秀、石怪、树奇、峰险、壑幽的特色，堪称福建省沿海的一颗绿色明珠。峻峭的山势形成各种自然胜景，园内有九叠峰、留雪峰、报雨峰、大金峰、小金峰、香炉峰、弥勒峰、将军山、佛座山9大山峰。

灵石山因有3处传说中灵验的石头而得名，充满了神秘的色彩。一处为蝴蝶溪旁的一对雌雄石，两石有灵性，昼分夜合，故称灵石，现雌石上还保留着朱熹题刻的"灵石山"三字，雄石则在1972年当地建水库时被毁。还有一处灵石为报雨峰上的通天石。相传久旱时，石头若发出呼啸般的涛声，则预示有大雨降临；而久雨之后，天将晴，石头会发出同样的声响。据说，在春夏之交，这种现象至今尚有灵验。另有一处灵石叫"香石"，是一块巨大的岩石，4米见方，中间有裂缝，石上长满青苔，用手触摸，则手上会留有一缕清香，经久不散。朱熹诗中的"灵石香沾碧藓斑"之句，说的就是此香石。

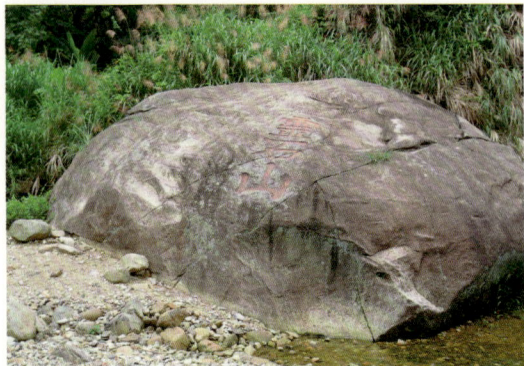

灵石山野生动物众多，主要有小山羊、麂、野猪、苏门羚、大蚬、画眉、雉鸡、斑鸠、鹧鸪、白鹇等70多种，这些兽禽出没山间，构成一幅与人共存的和谐画面。

灵石寺坐落于磅礴百余里、峰峦九叠的主峰芙蓉峰下，是福清现存规模最大、最完整的佛教活动场所。寺院占地面积13000平方米，建筑面积8000平方米。该寺建于唐大中元年（847），初为庵，唐大中四（850）年创建名为"翠石院"的精舍。历代均有修缮。1984年、1987年曾两度大修，才有了如今的规模。

寺院以山门、天王殿、大雄宝殿、法堂为中轴线，两旁为宽敞的回廊，与伽蓝殿、钟鼓楼、禅房等一起构成一组规模宏大的建筑群。

灵石寺背依九叠峰，每重山峰都覆盖着绿色丛林，远望如朵朵芙蓉，人称"九叠芙蓉"。从第一峰下一石缝迸出的清泉，清冽甘甜，久旱不涸，人称"九叠泉"。九叠泉容纳了许多山涧小溪，汇成了横贯灵石山国家森林公园的"蝴蝶溪"。

灵石山的自然景观与人文景观相映成趣，相得益彰。《灵石山志》收录历代名家诗词370多首，南宋理学家朱熹曾3次到此游览，明内阁首辅叶向高等文人名士也留下许多宝贵诗文和题刻，为其增色不少。灵石山国家森林公园凭借丰富的动植物资源和秀美的山水风光，辅以悠久的人文古迹，形成一个功能齐全、环境恬静、景色瑰丽的旅游、度假、避暑胜地。

【蝴蝶溪】是灵石山最大的溪流，雨季来时，九峰八涧的溪流汇合于此，曲折迂回，最后注入东张水库。每年春夏之交，气温上升，野花怒放，时有成千上万只蝴蝶飘然而至，或低飞，或高翔，与林木、山石、溪流一起组成一幅奇美的山间野趣图，所以名为"蝴蝶溪"。

【蟠桃石】在灵石山国家森林公园大门口处，有巨石高约4米，立于山道上，酷似一只硕大无朋的蟠桃，故得名"蟠桃石"。

【"福"字石】在灵石山蟠桃石下方，有一块巨石，其上镌刻一个大"福"字，据传是清道光年间邑人翁飞云所题。上方又有马逢周、林镪郎题"灵石为全闽福地，佳景不可胜计，刻此一字，足括全胜，而书法精工，而肌骨相称，询与山石之灵永垂不朽"。

【叮当桥】又名玲珑桥、灵源桥，为27孔石梁桥，两块石梁上铺设许多石板，行之频发叮当之声，故得名。该桥于北宋政和三年（1113）由灵石寺正觉大师倡建，立有建桥凭证。清康熙二十九（1690）重建，仅留单面，遗址留存。

## 附一

清乾隆版《福清县志》卷之二《地舆志·山》记载：

灵石山，在清源里，去县四十余里。有三峰，曰九叠峰，其势插天，层级可数；曰留云峰顶；曰报雨峰，土人以鸣为雨候，山巅有石，久晴鸣必雨，久雨鸣必晴。又有通天石、仙人岩、戏龙潭、碧玉洞诸胜。有苍霞亭，朱熹书匾及蟠桃坞石刻。又有香石，手摩有香气，故以灵石名。

## 附二

### 游 灵 石

（宋）朱熹

百尺楼台九叠山，个中风景脱尘寰。
危亭势枕苍霞古，灵石香沾碧藓斑。
佳境每因劳企仰，胜游未及费跻攀。
何当酬却诗书债，遂我浮生半日闲。

### 夜宿芙蓉峰

（明）林鸿

香刹瞰林邱，逢僧信宿留。
风帘乘月卷，露簟带凉收。
宿鸟微喧曙，明河澹泻秋。
一经空寂境，人世漫沉忧。

### 游 灵 石

（明）叶向高

灵源幽径隐珠林，曲曲溪光抱远岑。
路转层崖天欲尽，云归深树昼常阴。
芒鞋好趁山中约，尊酒能忘物外心。
此去武陵应咫尺，桃花流水许招寻。

### 游 灵 石

（明）薛敬孟

万壑千岩指顾间，到来都把世缘删。
鸟鸣春树花空坞，桥锁溪云客在山。
苔碣摩开残篆古，蒲团坐对老僧闲。
遗踪先访林抟宅，九叠峰前独往还。

# ■ 第二节 福庐山公园

福庐山位于龙田镇，其前身因有郭氏在此结庐，故名"郭庐山"。叶向高以其地属三福（福建省、福州市、福清市），遂改名"福庐"。山上处处奇岩怪石，错叠峻峭，造型各异，构成石景72处。龙田人何氏兄弟先辟"三天门""蹑云""异香"诸洞，后张氏兄弟又辟"古仙岩""云关""石室"诸胜。叶向高居家时曾筑"石隐山房"，自号"福庐山人"，可见其对此山情有独钟。

与福庐山绵延相接的灵岩山，乃明万历年间邑人施兆昂开辟，有石景36处，与福庐山石景交相辉映，组合成108景。叶

向高在《蘧编》中记述："（福庐）山之后有灵岩，福唐诸生亦募缘建寺，凿池别筑精舍，与福庐相望，二三里间争奇竞胜，遂卓然以名山称海内矣。"

令人惋惜的是，两山108景在1966—1976年，除了老君造像（俗称石仙）、石犬、石牛、白菜岩等少数景点之外，其余均受人为破坏，荡然无存。

史料所传108景为：桃源第一境（桃源溪扶纤踩船进山）、登山牌坊（福庐真境）、斧破天门开、雌雄狻猊、一天门、二天门、三天门、天鹅孵蛋、玉蟾、镜台、惊魂石、虎爪、千人座、笔架、莲蓬吐蕊、桃坞、仙人掌、龙马、鸿图、鹰啄墓门开、葫芦、人字石、蜗牛、虎溪桥、肝石弄、肠石弄、肚石弄、肺石弄、咽石弄、香橼、铁拐李醉酒、胰尺、酒瓶蒂、玉慈跳过溪、老僧拜佛、海天空翠、金猫伏鼠、乞丐背猴、一钵、二钵、三钵、小有天、鸣玉洞、古仙石、含晖、鹰鹦、瀑布、异香洞、一笏朝天、一线天、大玲珑、小玲珑、飞马朝天、五声碑、双猿戏鲤、蹑云、雨益、百二层石阶、耳听北方好消息、蜀犬吠日、猛虎下平阳、中国地图石、龟蛇相会、观海、仙人足迹、牛索环山、莲花石、黄牛钻犬洞、狮门、石棺材、天柱石、死尸、龙山福地鸳鸯石、秀山南斗、笏石、石仙、文昌阁、猪母食挂茉、大帝庙、金钱吊葫芦、石室、老君造像、揽月台、犀牛望月、小南天、白菜岩、香象、犬仔啃肉骨、海云飞处、和尚背尼姑、石门、石犬、石牛、刳石泉、龙泉洞、龙头洞等。

福庐寺始建于北宋年间，几度兴废，明万历四十二年（1614），叶向高辞官归

乡后重修，并题匾"龙山福地"。明天启四年（1624），叶向高告老返乡，对福庐山"更加修饬"，中有大殿、法堂、方丈室、钟鼓楼等，此外还有灵岩寺、九将军庙、观音堂、西山庵、学禅斋等组成释道共处的建筑群。1997年，龙田镇上一村善男信女捐助重修寺院，并建成仙君楼、玉皇阁、观音殿、太清宫、五帝庙和文昌阁。各殿阁依山势而建，布局较为合理，错落有致，尤为壮观。

2009年，龙田镇领导把目光瞄准福庐山风景区，决定将其打造成以山地岩石为特色的，集文化、休闲、娱乐、游览于一体的综合性公园。依据规划，重修后的福庐山公园按地形地貌、景点景物分布状况，设有东入口综合区、历史文化观光区、福庐禅寺区、南入口景观区、运动休闲区、生态休闲区、度假休闲区7个功能区。一期工程东入口综合区规划面积135700平方千米，景观上强调其文化性与标志性，再造福庐山名山意象，主要景观有：福庐真境、进山牌坊、福地精庐、秀出南斗、嬉园、芳草竞鸢、丽瞩亭、环流亭、虎溪桥、石隐山房等。2010年总投资3000万元的公园一期工程告竣，使古迹名胜重焕异彩。

走进公园，首先映入眼帘的是雄伟的进山牌坊，坊顶正面是叶向高的手书"福庐山"，两边是福建省著名书法家赵玉林、余险峰手书的楹联。牌坊左、右两侧矗立着12根庄严肃穆的镂刻石龙柱。与牌坊遥相对应的是2座仿木建筑，美轮美奂，为公园平添不少光彩和灵气。公园内还矗立余险峰和施祖松书文合璧的《福庐山重兴记》石碑。

福庐山公园二期、三期修建工程还在继续，远景可以预见，相信不久的将来，它将成为福清市的一张文化名片，成为福清市旅游业的重要景观。

清乾隆版《福清县志》卷之二《地舆志·山》记载：

福庐山，在时和里，去县三十里。旧名廓庐，大学士叶向高更之曰"福庐"，以省与郡邑皆名福，而兹山从焉，亦以广福地所未备也。有三天门、千人坐、玲珑洞、异香石、鸣玉洞、饮虹涧、云关石室诸胜。

## 游福庐山记

（明）陈宏已

福庐山开二年而相国叶公归，又二年而福庐成，其招余游者盖四年于兹。余以妻孥与身辄病，游辄不果。迨戊午秋始成游，属相国跻六十而寿，贺客杂沓不能从，余留三日饮，病作，乃潜以笋舆往，不与客俱。出城病遄已，及入山暮矣，尚力疾陟绝顶，下幽涧，遇薪者戒深入，始还石隐山房宿焉。

是夜，神清不欲寐，从枕上和相国山居古诗二韵。诘朝作书招何太学惟荣为乡导，太学随至，会飓作害游。余兴跃然，强太学与行。

遂由石芝亭而上，石磴百级皆栏以石。太学山房踞其巅，面一石若树塞门，石可径丈，与芝石相下上，皆山房堂帘间物也。房后树碑亭，稍左又树一亭，曰松月，亦踞房之巅。其房亭并占此山全胜。余怂惥太学祠其父隐君，太学唯唯。

由亭而上，乃其诸父所据，构一轩石间，甚葱蒨，下瞰天门若所由户。又折而上，有洞东偏如曲房，可宴可息，余为之名曰："宿云。"由宿云复折而上，则蹑云岩。

岩下为榕台，上为第一峰。峰侧二石壁立，中穿一峡，视天如线，峡出右稍缺，缺处复创一亭，如戍楼，如女墙，外可望海，沧溟万里皆列眉睫间。是亭适骑绝顶，风烈甚，足不得重，几欲飞去。

于是扪崖行，复入一峡，视前峡稍深而狭，窥天一线，较长数丈，石逼破人颐颊，巾舄皆苍，为苦藓所缁。峡尽得洞一，门屏堂坳悉如宿云，开时有香不散，故以异香名洞。外砌一小圃，杂莳花竹，亦颇有致。循圃而下可数十武，则虎溪桥至焉。

过桥稍降，复遵桥下入饮虹涧，涧甚幽深透迤，穹窿窅窱，状如石天，泉淙淙自石间出，不见源委，实为相国亲辟而得，喜之甚，夏日尝与客弈其中，棋声铿铿然与泉相答，殆忘其为人世烂几柯也。

穹侧有洞如口，人自瓮中出，出即云关巍然其上。入云关，向古仙岩，仿佛与仙人遇。岩折而入，则鹰磗横之，恍若永巷。磗前为石台二，台如规，上下相抱，皆环以石楯，上下坐客可百数十人，看月可竟生落不督，盖南乡敞而东西旷也。予因名以"揽月"，颇称其概。

台右折有石室一，室下为驰道绕山之麓，仰望鹰磗，真欲厉怒翩而击秋空。余厌麓行，复由故道出，出憩石亭眺焉。亭跨穹背晨石前，亭亭然，前望丰峰诸胜，皆挂檐端。亭降，复循涧道而下。下鸣玉洞，洞洼口而窾腹，泉滴如玉漏，响如玉璆，其左右高处，则施、张二氏新夹涧瀍而居。又上而折，折而东，则走康庄矣。

道旁有亭与石拜阁，临之，阁左为寺。寺宏敞壮丽甲于梵刹，中供金相三，为蜀估人所施，亦奇物也。

寺左为石芝亭，相国太学山房邻焉。太学强余就山房饮，予不乐杯勺。日且暮，尚鼓勇登天门，度石梁，且凭危亭而眺，属风益烈，不可久立，僮仆皆蹒跚而下。

下由左户，遇一小园，看笔架石，石具峰峦，高低突兀，绝肖米南宫家物。石际立一亭，适对寺后群峰，秀色可结。余虽夜，尚恋不能去，第恐雨寻至，乃送太学出三天门归。期平旦早至，为灵岩游。且雨如注，不得游，太学亦不至。余卧山房中听雨，景殊佳。因赋十韵，并纪游古风《福庐山长歌》寿相国。

雨次日复大作，飞入堂中，水可没骭，余益以为奇。迨次午始休，乃挟一小竖，持雨具先入饮虹涧，听泉声，乐之。洞觉寒甚，余枕石卧不为栗。已复冒雨由间道度山腰，望前冈石亭避之。亭亦凭虚而临无际，雨阑入不可避，复折而入石门，穿石窦，履石台，就星聚岩而休。星聚云者，五石离立，如聚东井，其中洞然，足容卿辈数百人，非他岩洞比。岩下则施孝廉屋，石錞则施民部草亭，皆幽而僻，秀而野，有古色。余盘桓久之，因为诗怀民部。诗成，雨复至，阿竖促归亟，于是遂下山，由田间望天门而归。归至山房，则僮仆张灯以待久矣。灯下复坐听雨，不肯寐。

## 福庐山诗

### 三 天 门

（明）曹学佺

门径隔尘凡，天然不用鑱。
重关回日驭，远海见风帆。
久闷欣初启，中虚类太函。
盘桓不觉暮，石气冷青衫。

### 古 仙 岩

虹涧出逶迤，云关入险阻。
睇彼岩之阿，独立以延伫。
浸谓今游人，而非昔仙侣。
天风吹我衣，轩轩此霞举。

### 宿 云 洞

（明）陈宏已

深洞如曲房，石床冷于水。
时有懒云眠，客来惊未起。

### 漏 天 峡

双峡正若扉，两壁开如扇。
不信天宇宽，窥来惟一线。

### 揽 月 台

层台高以轩，于境了无障。
月影有东西，台光无下上。

### 聚 星 岩

五石聚成岩，中含奎宿影。
有客杖藜来，浑疑入东井。

## 游 福 卢 山

（明）周之夔

海喙吐灵姿，石胞擘重闾。

嵌空势欲坠，侧立相回向。

循防砌阴蹬，拟足那敢妄。

如探龙蛇喉，如抉神鬼藏。

驳落苍云肤，波涛来激荡。

身非石中觑，精思俱已丧。

求之杳冥间，莫能写其状。

古来谁数游？天地意亦壮。

名山多肺肠，搜剔变文采。

其中异骨理，雕琢费真宰。

谁为此哲匠？混沌乃一改。

出没赖天光，穿受见大海。

浮浮沙雪飞，天际白如皑。

神山不可遇，宝山不可采。

自有山中人，移彼香积在。

## 游 福 卢

（明）杨尧臣

十里嶙峋似画开，人间咫尺是蓬莱。

仙田种石芝三丈，饮涧呼虹海一杯。

杉径有亭留月住，天门未锁待云来。

枕流倚槛都成趣，不事蹯溪上钓台。

## 咏 福 卢

（明）薛廷宾

丹岩苍壁护禅宫，卢阜从前有远公。

鱼鼓数声泉石冷，虎溪三啸岭云空。

昙花法藏千轮转，贝叶灵文万刧通。

何似焚香栖一室，皈依不与世人同。

## 同董大理见龙游福卢山

（明）叶向高

层峦极望郁崔巍，驱石仙人去不回。

磴道斜从苍壁转，洞门逢对赤城开。

云因寺静栖孤榻，月为山空下古台。

胜境可容分片地？精卢小构碧岩隈。

## 游福卢灵岩寺

（明）陈国章

力辞黄阁许归田，领略名山是地仙。

重叠三门皆接汉，崚嶒一柱独擎天。

洞前云起香偏异，石上花开锦欲燃。

筋力信同文潞健，年余九十尚蹁跹。

## 游 福 卢 山

（清）李开叶

孤飞三岛外，壁立万山中。

海势云崩石，天门涧化虹。

登临忘地力，开凿想神工。

可有归来客？岩枝已向东。

# 第三节　豆　区　园

豆区园是明代内阁首辅叶向高的私家园林，《福建通志》记载，豆区园创自前明，建自何人未详。该园初未命名，叶向高去世后，分属其孙叶益苞。后稍增饰，题曰"豆区园"。清乾隆版《福清县志》卷二十《杂事志·园林》载：豆区园，在南上隈枰亭黄，明叶又忠翁筑。

明万历四十二年（1614），叶向高谢政归来建此园（还有一说是购得此园），作为私家花园兼书院。全园面积不足2000平方米，古量四升为豆，四豆为区，意即小巧玲珑，故得名。300多年来，小园虽饱经沧桑，历易数主，却一直闻名福建全省。

园内有仿院、亭阁、假山、池塘、拱桥等，布局精巧，秀雅可人。在园内荷池内可划船，由小河直通相府前的官塘池（元代为放生池）。据《云山叶民宗谱》记载：林则徐曾游豆区园并写下"杂花生树凭栏看，新涨拍桥摇橹过"。园内建筑、树木、花草、池沼、奇石、幽洞十分符合江南园林构造的特色。

豆区园东门对面为一间长方形书斋，庭中有一块大石屏，叫"福禄寿禧屏"，石屏的对面是坐南朝北的六扇厅堂，厅门上悬着"豆区园"三字楠木匾额。

园中之石均来自五湖四海。开门映入眼帘的是钓鱼台边的"童子拜观音"，其旁是"姜太公钓鱼"，由一块白色大理石雕刻而成。钓鱼台下即是荷塘，塘中竖一"百猴白石柱"，高3米，堪称钟乳石造型的珍品。《闽杂记》载："该石雨后则四面显猴形，头面手足，莫不具备，晴则不甚辨也。"确实，石柱上凹凸环绕着百只白猴，活灵活现，每逢下雨，雨水往下淌着，宛若只见石猴攀柱而上。塘中尚有"鲤鱼跃龙门""鱼蛇相会"等景。

池塘之上有两块花岗岩并拢的拱桥，塘边的假山由千疮百孔的海浊石堆砌而成，池塘底下是名为"小蓬莱"的山洞，

高丈余，可通往来，洞顶三石叠纹如蜂巢，隐成"浮山海"三字。假山顶上屹立着一座亭，名为"集翠亭"，这里是豆区园的最高处。紧挨东墙的"枕流阁"是一座半边亭，与枕流阁相对的是"漱石亭"，亭栏雕满了精美的浮雕，并立着7尊石狮，惟妙惟肖。

园中原有 4 棵古树，东侧有一棵大榕树，北、西两侧各有一棵重阳木，拱桥边上有一棵古梅。遗憾的是如今只剩下北侧的一棵重阳木。

园后院矗立着一块太湖岩石屏风，名曰"闲云石"，高 4.9 米、宽 2.35 米、厚 0.35 米，青灰间白，呈云朵状，故得名。叶向高在其正面篆书"闲云"二字，背面铭文："此石来之海口，酷似一片云，或谓似鲤，鲤能化龙。云从龙耶，及为之铭，为云为龙，变化何穷，起沧海，升层穹，壁立乎此中。"据《闽杂记》记载："文忠在时，最爱一闲云石，高只丈余，每天将雨，辄云气悄然自诸窍出，形质亦兼有皱瘦透骨之胜。"同济大学教授、著名建筑学家、园林学家陈从周先生曾称此屏风为"我所见过的域内花岗岩石屏风之最雄浑者"。

据记载，园中主要石景有：山海经石屏、福禄寿禧屏、八仙过海石屏、姜太公钓鱼、印石、笋石、童子拜观音、孙悟空回水帘洞、仙桃、南极仙翁、神龟、金蟾、刘海钓蟾、月宫蟾桂、木笔花、梦笔生花、莲花台、梅花鹿、玉兔、小象、睡熊、伏鼠猫、青蛇出洞、驱瘟将军、逐疫将军、观音岩、飞蜥蜴、八仙潭、卧榻石、龟蛇相会、蹲虎石、麻姑晋酒、和尚背尼姑、天女散花、马头门、鲤鱼跃龙门、达摩过江、白菜潭、雌雄剑、回头马、鸡角潭、关公石、七星偃月刀、朝天蛇、朝天靴、美人照镜、麒麟潭、一梅三鹤、绵羊、一线天、普陀岩、唐僧取经、水豸等。

清光绪末年，由邑人吴北园等发起成立诗社，取名"逸社"，继而先后改名为"韬社""陶社"，1981 年改名为"融光诗社"，社址均在豆区园。1995 年，政府投入资金 300 多万元对豆区园进行了重修。目前，豆区园与闲云石同被列为福建省重点文物保护单位。

# 第四节　天生林艺园

天生林艺园位于新厝镇棉亭洋，占地面积 719000 平方米，距福清市区 30 千米，出大门即上 324 国道福厦线，交通便捷，是集农业旅游、科普教育、商务考察、休闲度假、品尝农家美食于一体的旅游观光园区，已获评国家 4A 级旅游景区、全国农业旅游示范点、全国科普教育基地、福州十佳旅游线路、福建首批水产渔村，是福州地区科技含量高、林木花卉品种齐全的农业产业化企业。

林艺园精心打造人文景观与自然风光和谐统一的境界。这里有亿年木化石、千年紫薇、百年樱桃、灵璧名石，令游客目不暇接，如果有时间还可以乘坐游艇环湖游览，牧羊岛、猛兽园、牛头寨、鸭子湾、

福园、观音山等特色景观，便会一览无余，让人在大自然中唤起绿色的激情、绿色的愉悦、绿色的思考。

林艺园现已种植林木面积 500000 平方米，200 多种；花卉 100 多种；百菜园面积 14000 平方米，蔬果 50 多种，新、奇、特的蔬果品种吸引众多游客前往观赏。该园种

植的番茄通过深加工，制成番茄汁、茄红素等绿色食品，备受广大消费者的青睐。

该园根据景区的特有条件，常举办情人节送玫瑰、农家美食节、定情天生、民间文化节等民俗活动。

林艺园现正建成"十园""十景""十馆""十室""六区"。

十园：南亚热带果树园、葵园、名树园、玫瑰园、百菜园、百花园、盆景园、科普实践园、桂花园、菊花园。

十景：碧波湖、环园河、观音山、森林浴、旋风林、天籁第一峰、仿古街、花卉走廊、石鸟坊、林木花卉观赏园。

十馆：科技馆、生态保护馆、警示馆、消防馆、禁毒馆、交通安全馆、青春期健康教育馆、农业展览馆、业绩馆、图书馆。

十室：石膏室、山水盆景室、陶瓷室、小木工室、植物标本室、中国结制作室、豆腐制作室、植物细胞观察室、工艺美术

室、电子组拼室。

六区：综合服务区、植物观察区、林木培养区、科普教育区、农业体验区、休闲度假区。

此外，还有完善的文体配套设施：水上运动、踩船、水上碰碰船、网球场、排球场、篮球场、游泳场、旱冰场、体乐园、烧烤场、篝火场、钓鱼场、激战鲨鱼岛、星球大战、挑战者、碰碰车、诸葛木马场、多媒体投厅、环球网攀登、板坡竞赛等。

【油茶博览园】油茶博览园是进园的第一个景点，这样的布局并非偶然。油茶是日常生活中常见的植物，它与油棕、油橄榄和椰子并称为世界四大木本食用油料植物。茶油的不饱和脂肪酸含量高达90%，远远高于菜油、花生油和豆油，与橄榄油相比，维生素 E 含量高出 1 倍。茶油色清味香，营养丰富，耐贮藏，是优质食用油，也可作为润滑油、防锈油用于工业。发展油茶产业，不但不占用耕地资源，而且可绿化荒山，改善生态，尤其对于人均耕地面积较少的我国而言，大力发展优良油茶产业，对保障国家粮油安全有着重大的战略意义。

【福园】福园里种植着一棵树龄超过1000 年的紫薇王树，高 19 米，重约 32 吨，是 2009 年从广西移植过来的。多年来，这棵紫薇王树以它饱经千年沧桑的枝干，吸引许多游客与它拍照合影，祈求千年紫薇王树能带给自己福气。因此，紫薇王树所在的这个地方被称为"福园"。

【黄龙玉】在紫薇王树的周边一共有25 块金黄色的石头，这种石头叫"黄龙玉"。黄龙玉产自云南龙陵小黑山，是继新疆和田玉与缅甸翡翠之后发现的优质玉种，其品质细润，色泽金黄。黄龙玉的颜色以黄为主，有"黄如金、绿如翠、白如雪、乌如墨"之称，一直以来被人们视为富贵吉祥的象征。通常，黄龙玉要经常上油打蜡，因为越经常上油打蜡，其颜色就越鲜艳。

【灵璧石】不规则地散落在福园里的大石头叫"灵璧石"，是我国四大名石之一，它可发出悦耳的声音，天下独一无二，世界绝无仅有，被国内外石艺界誉为"天下第一石"和国之珍宝。灵璧石因具有极高的观赏价值与收藏价值，故有"黄金万两容易得，灵璧珍品世难求"之说。灵璧石大约形成于 8 亿年之前，历史极其悠久。春秋战国时期，就以灵璧石制成编钟，演奏宫廷乐曲，历代帝王与文人雅士均以灵璧石为宝，争相珍藏赏玩。落户天生农庄内的灵璧石共有 18 块，每块高度均在 2.5 米左右，长度约 4 米，厚度均在 1 米以上，每块重约 20 吨。以外形命名为"东方醒狮""驼铃声远""貔貅纳财""岁月留痕""龙腾盛世""紫云凝瑞""金犬守户""财猫招手""丹霞生金""蓬莱仙境"和"一柱擎天"等。

【黄金山】它是一座人工假山，高 10余米，上置木结构凉亭，曲径而上，风光尽览。黄金山周围以灵璧山、千层岩等观赏石作点缀，向阳一面的山坡上有瀑布飞泻，淙淙流水，令人心旷神怡。

【樱花园】占地 7000 平方米，种植着200 多株从日本引进的早樱与晚樱。天生农庄的早樱初花期为 3 月 16—18 日，盛花期将持续 20 天左右，至 3 月下旬最为鼎盛，花期较短，仅 13~20 天。晚樱花期可延续至 4 月中旬。樱花季节，上百株樱花竞相开放，令人沉醉其中，惊叹不已。

【紫薇园】占地约3000平方米，园内种有5种颜色的紫薇。紫薇树是我国珍贵的环境保护植物。它属落叶乔木，高可达10米，花序甚大，长30～50厘米，上面有花数十朵或更多，花直径约3厘米，有白色、堇色、红色和紫色，每年夏秋季开花，每花序可开放50天左右，全株花期长达4个月之久。

【白玉兰园】白玉兰是最有名的早春观赏花木之一，它的花先于叶开放，成形时如玉碟带红晕，花丝紫红色。玉兰是落叶乔木，高可达25米，径粗可达2米。每年3月，正是天生农庄玉兰园里玉兰开花时节，彼时，花团锦簇，远观洁白无瑕，把园中打扮得万分妖娆，令人不忍离去。

【红玉兰园】红玉兰属落叶乔木，生长于印度德干高原、我国大陆中部地区和印尼爪哇，是我国著名的观赏植物和传统花卉，树大花美，为庭园中名贵早春花木，其花先叶开放或很少与叶同时开放，大型、钟状，花期4—5月。红玉兰秀顾、皎洁、盛大，光芒万丈却雅致含蓄，光彩而不落俗。在月光下，红玉兰的娴静，显示出超脱尘世的美，美到让人窒息，美到让恋人坚信纯洁的爱，红尘没有苍老，世界为之清静。

【红枫园】唐代诗人杜牧的《山行》

一诗盛赞了枫叶的美："远上寒山石径斜，白云生处有人家。停车坐爱枫林晚，霜叶红于二月花。"红枫园面积约3333.3平方米，种植着从浙江移植过来的200株"四季红"枫树，树高可达24米，冠幅可达16米，原产于加拿大东部和美国，其叶片色彩艳丽，树冠浓密，是著名的观赏树种。

【桂花园】四季桂别称月月桂，花朵颜色稍白或淡黄，香气较淡，长年开花，但仍以秋季为主。四季桂是桂花的一个优良品种，四季开花，四季飘香。夏、秋两季芳香浓郁，春、冬两季香气淡雅。

【荷花园】荷花，我国的十大名花之一，它不仅花大色艳，清香远溢，凌波翠盖，在人们心目中它更是真、善、美的化身，吉祥丰兴的预兆，也是佛教中神圣洁净的名物。荷花相传是王母娘娘身边的一个美貌侍女——玉姬的化身。当初玉姬看见人间成双成对，男耕女织，十分羡慕，因此动了凡心，偷出天宫，下凡人间，来到杭州的西子湖畔。王母娘娘得知后用莲花宝座将玉姬打入湖中，从此，天宫中少了一位美貌的侍女，而人间多了一种玉肌水灵的鲜花——荷花。在荷花园里，可观赏到荷花生长期间的各种倩姿靓影。初夏，莲叶田田，如浮水碧玉，青翠欲滴；新荷

艳艳，似红灯盏盏；荷映游鱼，风送花香。盛夏，荷花盛开，流光溢彩。秋末，花儿稀疏，水面上常有秋风摇落的花瓣漂浮。此时，荷花园里最惹眼的就数密密挺立的莲蓬了。

【桃花园】每年春天，桃花园里的桃花竞相开放，桃李争春、蜂缠蝶恋，热闹非凡。白色的桃花洁白如玉似棉，粉色的桃花粉如绽放的杜鹃。置身于桃花园中，仿佛置身于花的海洋，与桃花共舞，与春风为伴，如痴如醉。

【木化石公园】共有 50 根木化石，全部来自印度尼西亚。色彩丰富，有白色、黄色、红色、褐色、灰色，甚至玛瑙木化石，其种类之广、数量之多，为全国景区所少有。木化石的形成期为古生代石炭世（距今 3.55 亿年）到中生代白垩世（距今 6500 万年）之间。它是大自然恩赐给人类的远古瑰宝，它是一幅幅不朽的画卷，是一首首无声的诗歌，也是一片片浩瀚的书海，我们从中可以解读出不同的含义。

【购物街】穿过一座石拱桥，对面是一道古色古香的城堡拱门，这就到了天生购物街。此街虽不长，却极具闽地风情特色。仿古的两层木楼，雕梁画栋、飞檐挑角。各个小店铺，商品琳琅满目。最吸引人的莫过于小吃店，一阵阵煎、煮、烹、炸的

浓香味弥漫在空气中，不禁让人垂涎欲滴。

【5D 影院】5D 电影是在 4D 动感电影的背景和效果上，让观众从听觉、视觉、嗅觉、触觉及动感五个方面来享受身临其境的效果，比如，当出现风暴、雷电、下雨、撞击、喷洒水雾等身边所发生与立体影像对应的事件，座椅也会随之摇晃摆动。5D 电影最强的逼真感是能够放大周围环境的真实感，观众仿佛置身其中，例如，在"火焰"前有灼热感，海浪扑身时会"湿"了衣裳。5D 电影特制的座椅还能产生下坠、震动、喷水、扫腿等真切感觉，将视觉、听觉、嗅觉、触觉和动感完美地融为一体。

【水上游乐园】水上游乐园是目前为止福州地区规模最大、最新奇、最好玩、具有国际标准的水上游乐园之一。园内有超级冲浪池、魔幻水屋、水上蹦床、水上滑梯、旱喷广场、热带沙漠、游泳池、水上陀螺、尖峰极速等刺激好玩的游乐项目。儿童乐园里有惊险刺激的海盗船、碰碰船、鲨鱼岛激战，还有星球大战、空中飞椅、大摆锤等游乐项目。

【百菜园】百菜园中种植的蔬菜瓜果，全部来自国内外的珍奇特异蔬菜品种，它是采用现代温室技术进行反季节培育和无土栽培法种植而成的，并打破了蔬菜只供食用的传统，使果蔬成为了集观赏与科普

教育于一体的观赏物与收藏品。如西洋南瓜，其肉色为金红色，可在瓜面刻字成天然艺术品。玩具南瓜是科技人员应用激素、紫外线诱变、人工杂交等方式培育出的一个南瓜变种，是具有极高艺术观赏性的小南瓜。天下奇瓜——砍瓜，为一年生草本植物，由于该瓜在生长期可随吃随砍，天天吃鲜瓜，故名砍瓜，堪称天下奇瓜，其果汁可止血，能使伤口迅速愈合。

【水上酒楼】在碧波湖的东北一隅，一排排曲径回廊的木屋，座座相连，造型新颖独特，宽敞明亮，通透舒适，这就是水上酒楼。客人们欢聚在此，举杯畅饮，面对碧波千顷，听着湖水轻轻拍打着木桩的声音，度过美好时光，身心放松，宠辱皆忘，此乐何及。

【观音山】坐落于风景秀丽的碧波湖中，占地3000多平方米，20.5米高的观音像栩栩如生，周围翠竹环绕，亭台榭阁，清晨云雾环绕，观音犹如从天而降。观音山的东边有一座观音庙，是广大佛教子弟烧香拜佛、参拜许愿的好地方。在观音山与观音庙之间有一座木桥，叫观音桥，总长76米。

【台湾别墅区】别具特色的台湾木屋别墅，可带人体验质朴的闽南风情。水上品茗，柳岸垂钓，平添诗意。7座独立的湖中小岛营造出绝对私密的个人空间，欧式风格的别墅建筑独具浪漫的异国风情。碧波环绕，绿意盎然，创造出春花秋月、四季迷人的优雅天地。

【福建天生农庄】清新迷人的风光，科普实践的基地，花与树、蔬与果的海洋，自产自供的绿色生态食品，别具韵味的农家小苑，这就是既具农家特色又具现代风情的福建天生农庄。

# 第五节　滨江三大公园

在福清市西区，玉融大桥向西沿着龙江中游西溪北岸，新建有三大公园——融侨园、龙江公园和龙江生态文化园，总称滨江三大公园。滨江三大公园沿江而建，东西总长约 2000 米，南北宽 10~50 米，总面积约有 1000000 平方米。滨江三大公园连成一片相对独立，成为福清市内最大的园林式开放公园，为市民提供宽敞而优美的休闲和健身场所。

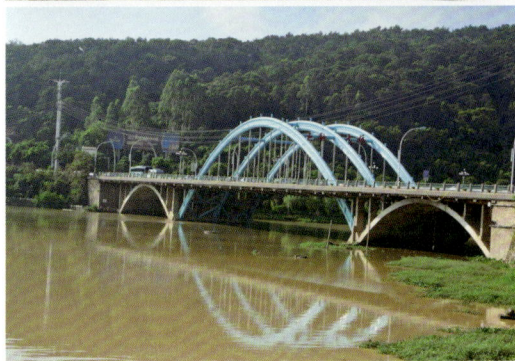

融侨园是建成最早的以休闲、垂钓、观景为主要功能的公园，公园以长约500米的水上栈道为主体，点缀以观景平台、钓鱼台和西式亭台，可供市民和游客观景、垂钓和亲水漫步。站在观景台上，远可眺望石竹群山，近可观赏对岸林木葱郁的双旌山和千年古迹——天宝陵，还可零距离与福清母亲河——龙江接触。木栈道上下起伏、左右迂回，更添游趣。

龙江公园位居三大公园中间，东接融侨园，西连龙江生态文化园。龙江公园以方便市民健身生活进行布局，在绿树掩映、鲜花簇拥之中，分布有游泳馆、篮球场、羽毛球场、行走步道和广场舞场等。环境优雅，空气清新，交通便捷，吸引了大批市民和游客。

龙江生态文化园在龙江公园西侧，进园便可见一堵镌刻着宋邑人林票的《福清图经总叙》中介绍福清自然地理环境的花岗石照墙。园内分区种植着各种花木，形成类自然生态。市民和游客穿行在绿树荫下的步道上，目接苍翠，耳闻禽鸟啾鸣，可在天然氧吧之中尽享欢愉和惬意。

# 第六节 洪春松涛园

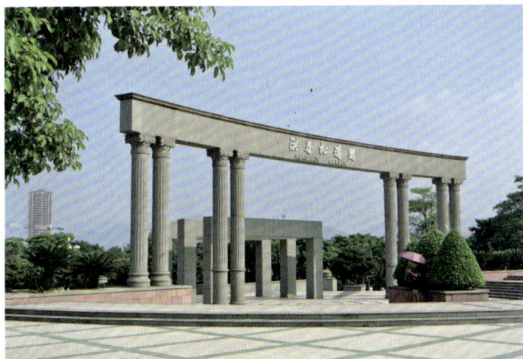

洪春松涛园位于福清市阳霞街道溪头社区，是侨贤林文镜先生独资献建的一处乡村公园。

洪春松涛园占地面积有 20 多万平方米，园区内以林木、花圃为主，点缀以假山鱼池、亭台楼阁及室内文体活动中心，既是市民休闲娱乐、健身活动的一个好去处，又是吸引外地游客的一处景点。

洪春松涛园大门有 8 根拔地而起的罗马柱，雄伟醒目。循石阶而入，只见古榕如盖，垂柳依依，苍松翠柏，相倚相映。更有广阔如茵的大草坪、四季时花盛开的大花圃。布局精巧，修剪得当，尽显设计之妙。

洪春松涛园中心是一座巨大的假山，有人工瀑布飞漱而下。假山上镌刻"故乡水永不息""桑梓情源流长"，是建造者林文镜先生热恋乡土的心声。环绕假山的

是湾清水，水面点缀着出"淤泥而不染"的荷莲和静静绽放着的睡莲。

在洪春松涛园的一隅，耸立着一座宏

伟的建筑，那是一座由国家文化部命名的青少年文体活动中心，室内各种文体活动设施完备，是附近 5000 多米范围内青少年的乐园。

松涛园原来只是洪宽工业村内配套的休闲场所，现在却又成为福清市乃至周边地区民众周末和假期游憩的好去处。

# 【「玉融十二景」新识】

历史发展，日月更换，此十二景或风雨剥蚀，或兵火毁损，或时过境迁，或人为破坏，而今有的早已不复存在，有的面目全非，有的几废重兴，有的旧颜不改，但多为时人所不知。为此，特录旧志资料，加以识析并介绍近貌，以飨有兴于此者。

素有"海滨邹鲁""文献名郡"美誉的福清市靠山抱海，气候宜人。自古就是人杰地灵的闽省岩邑。境内山清水秀，人文荟萃，风光旖旎。自然景观有石竹之峻、灵石之幽、黄檗之翠、瑞岩之秀、福庐之奇；人文景观有唐陂、宋桥、元佛、明塔、清寨等一批名胜。清乾隆版《福清县志》卷首有"玉融十二景图说"，列"斗牛悬阁""旌马环桥""凤岭烟锄""龙江月棹""瑞岩丹洞""福桥虹泉""黄檗晨钟""苍霞晚照""石峰竹雨""玉屿松涛""君山观日"和"蜃海嘘云"于其中，概要介绍了古玉融的盛况。

历史发展，日月更换，此十二景或风雨剥蚀，或兵火毁损，或时过境迁，或人为破坏，而今有的早已不复存在，有的面目全非，有的几废重兴，有的旧颜不改，但多为时人所不知。为此，特录旧志资料，加以识析并介绍近貌，以飨有兴于此者。

# 斗 牛 悬 阁

## 【旧志原文】

鹫峰体秀峭，西折凤山，一派车绵亘亘县治，其入脉处突起为冈。明邑侯邬元会建阁踞冈上，阁高势耸，俨然逼青汉而挂于斗牛。时或风和气霁，相与陟石台，踏云梯，凭栏眺，远而四山罗翠，近而鳞户连烟，树色溪光，接于几席，游目所至，气象万千。叶文忠题句云："城廓开窗近，山川入望平。"足以尽其概矣。

## 【原文识析】

鹫峰，在融城北，是玉屏山的最高峰，西去连凤凰山，向东逶迤有覆船山、龙山、东皋山、小孤山诸山，环抱融城。邬元会，字平阶，浙江奉化人，明万历乙未进士。明万历年间任福清知县，在任时倡建好义堂，修南北二坛，筑县仓及察院街，造渔溪、宏路二桥，修葺城墙，并在鹫峰下构建文昌阁。文昌阁，是供奉文昌帝君的殿阁。文昌帝君，又称文曲星，旧时传说是主持文运科名的星宿，《天官书》云："文昌六星在北斗魁前。"

## 【今貌概说】

鹫峰下的文昌阁在清代已圮废，现为福清市疾病防控中心办公楼，四周有多座近年新建私家小洋楼，"斗牛悬阁"之古趣荡然无存了！

# 旌马环桥

玉融山为县治之案。西则卓以双峰，如旌对举；东则络以五屼，如马连马庶。冈峦环列，适与龙首桥会，固玉融关上之胜也。顾旌马若天地所造设，加以风木摇动，云影徘徊，仿佛有飞扬腾骧状。景物灵异，遥拱县庭。或以瑞应长吏，为建节驰轮之兆，此形家言也，其然欤？

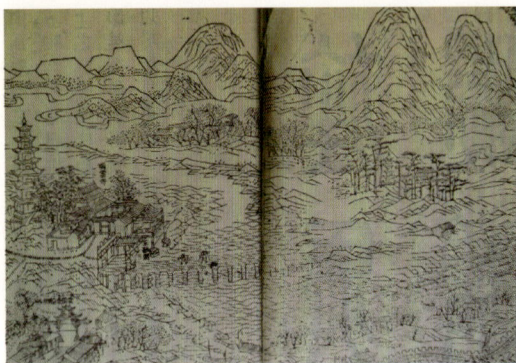

【原文识析】

古志有福清县治"枕鹫峰而案玉融"之说，玉融山在南门外，正对古县衙，为玉融形胜，又是"玉融"雅称之由来。其西有双峰并列如旗，故名"双旌山"；其东连绵五座山峰，似五马并驰，故名"五马山"。桥指瑞云塔下的龙首桥，又称"利桥"。五马山与龙首桥周遭鲜有民居，彰显自然之美，又是形家以为"瑞应长吏""建节驰轮"之兆，故而成为一景。

【今貌概说】

纵观今之玉融双旌五马诸山，峰峦依然，林木蓊郁。双旌山又开辟为"玉融公园"，五马山上建成电视转播塔，也为其增添了人气。唯有龙首桥已被钢筋水泥桥覆盖，少了古朴之韵。且山下桥头高楼林立，自然生动之景已不存在了！

# 龙 江 月 棹

【旧志原文】

龙江汇县西北流，沿海口城朝宗大海。贾艘停泊，樯杆森布，渔舫溯潮汐往来如织，登高眺望，历可指数。及乎夜静波恬，月印江心，乘小舟鼓棹中流，金波荡漾。仰视鳞山，浮屠蠹空，山寺夜钟，声渡江水，双桥横影，宛如落虹，扣弦咏青莲之句，与渔歌互答。此时此景，复何羡眺目洞庭，作云边觅酒想耶？

【原文识析】

龙江又名螺纹江，是福清境内最大河流，源自莆永交界的瑞云山，经龙溪、西溪，到龙首桥以下称龙江。龙江入海口乃邑之重镇海口，自古商贾渔盐鼎盛，有"小上海"之誉。江上有桥曰"龙江桥"，建于宋政和年间，方便两岸交通，其功非糜。麟山又名龙山、瑞峰山，山顶有寺曰"瑞峰寺"，

古有七级石塔一座，今圮。传李白曾载酒趋洞庭月色夜游，得千古名句："南湖秋水夜无烟，耐可乘流直上天。且就洞庭赊月色，将船买酒白云边。"古人把月夜乘小舟浮游龙江与李太白醉游洞庭相比，可见其情趣之高妙。

【今貌概说】

龙江桥为福建四大梁桥现存最完整的一座，近年经大修，更显珍贵。为方便汽车通行，由侨贤林绍良先生在下游新修新龙江桥一座，与古桥遥相呼应，构成双虹卧波之景。现代人生活节奏加快，月夜扁舟泛游龙江已经很罕见了！但每逢月圆之夜，立于古桥之上，欣赏天上与水中两轮明月相映之景，不失为一大美事。

# 瑞 岩 丹 洞

【旧志原文】

瑞岩卓立江浒，拥其后皆土山，独此山万石丛焉，岂秦鞭所驱而驻于是与？其中峰峦之峭特，岩洞之幽邃，人物鸟兽之形似，浑然天成，真为仙家修炼之区，迥非筹夷丘壑。岩分前后，前岩辟于宋之团栾居士，后岩开自明之戚南塘。登陟者品题互有轩轾。然前岩之突兀，后岩之奇邃，皆显其异于群山之外，固莫得而弃下云。

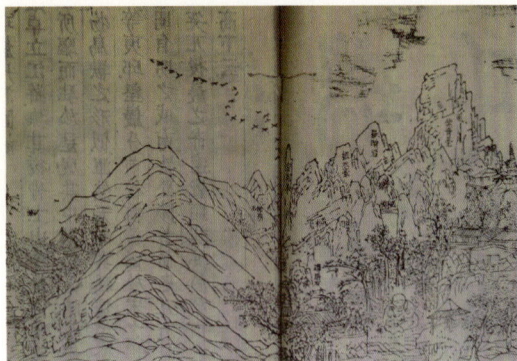

【原文识析】

瑞岩山即俗呼弥勒岩。山有三宝，一曰仁佛——元至正年间凿镌的石弥勒造像，为国家文物保护单位；二曰摩崖题刻，或显或泯，约有百章之多，为省级文物保护单位；三曰岩洞，曲折幽邃，引人入胜。岩分前后，前岩辟于宋代，有桃花园、休休台、醉石、天章岩、半轮等三十六景。后岩乃明嘉靖年间抗倭名将戚继光驻节时

所辟，有宜睡洞、振衣台、望阙台、归云洞、大洞天等七十二景。戚继光有《瑞岩寺新洞碑》记其景其事。瑞岩周遭诸山皆为黄土山，独此山岩石嶙峋，洞府幽深，故题为秦鞭用石所垒。秦鞭事见《太平寰宇记·登州文登县》一书引《三齐略记》载：传说秦始皇巡游全国，想在东海造一石桥，以便去观日之处。时有神人帮助，驱石入海；石走太慢，神人就用鞭子抽打，石皆流血，至今仍有赤痕。

【今貌概说】

瑞岩山是福清风景名胜区之一。前后瑞岩山之石虽经历过几代人的破坏，仍存留部分景点，所幸以福清名产花冈石雕凿的弥勒造像保护完好。前些年侨贤林绍良先生独资修通道，兴梵宇，植林木，使千年瑞岩重见天光。现石佛为国家级文物保护单位，摩崖题刻为省级文物保护单位，瑞岩寺为市级文物保护单位。一个景区集三级文物保护单位，实属少见。

# 凤 岭 烟 锄

**【旧志原文】**

凤岭为县治西障。迤北城而下，高冈延亘，山前平畴烟霭可俯而接也。至若极目四际，山海攒入襟袍。此则峻巇竞奔，起伏蜿蜒如群龙赴壑；南则浮屠耸空，临江俯桥，当年瑞云纠缦，其象犹可仿佛；西溯清源，溪山迥异，朱晦翁所指顾宛在；东抚海若，波息不扬，悠然悲咸南塘遗然。临风划啸，四谷齐鸣，盖融城之最胜。

**【原文识析】**

凤岭，即今之凤凰山，在福清一中校园内。古时县城平房多，以凤凰山之高仰，登临而可远眺四野。北有永福里诸山连绵至玉屏鹫峰；南有瑞云祝圣二塔临江俯视龙首桥；西可极目清源里（会东张）溪山，让人想起朱熹在曾讲学的灵石寺，所题之字——"苍霞亭"；东望可直至大海，使人忆及戚继光平倭时驻节的瑞岩山和鏖战的牛田。

**【今貌概说】**

凤凰山今日犹在，只是面积缩小了一大半，仅余一丛绿树。东、西、南、北四野目之所及，山川依然，但旧貌已改，新颜日现。山的西麓平畴绿野为民居厂房所替代。由山的东面眺望，景物也多为冲天高楼所遮蔽，仅余片断，其情趣早已不再。唯有登高远眺，只见城区数倍扩大，高楼如笋林立，深感时代进步非古人所能想象。

# 福峤虹泉

【旧志原文】

山之多石者所在而有，然或累如囷廪，列如堵墙，不嶖崒，无窾窍顽然而已，福庐异是。石不一状，状无不奇，石含羽磊落，倾竖玲珑，适介在两海，洪涛巨浸挟之飞动，宛然神山缥缈，诚然称福地哉！其最奇者，万石森竦，窍于山腰，有泉泠泠落石涧，烟霭霏微，时引虹来饮，下流绕山麓数百丈，犹涓泻石缝间。清客临玩，辄溯洄不能去。吾郡鼓山诸岩，喝水为胜，若兹山洞壑峭削，妙在泉洒其涧，则又易取手喝之使去也！

【原文识析】

峤，原文中指高而尖的山，泛指景色奇异的山。福峤指的是福庐山。福庐山旧名郭庐山，因有郭氏结庐于此。明万历年间，叶向高以为省称福建，郡号福州，邑名福清，故曰"福唐"，后更其名为"福庐"，而凑成"五福之兆"。相传此山有石景108处，如鸟如兽，若人若佛，似廪似墙，更有一奇泉飞漱喷涌，日光所照时见彩虹，故称"虹泉"。叶向高于明万历四十三年（1615）居家时披荆斩棘，开路疏流，筑"石隐山房"，使荒僻人罕的福庐山成为游人如织的胜景。

【今貌概说】

福庐自叶向高倡辟以来，名噪福建省，其108处有形石景非其他地方可比，更以梵宫山房、林木花草，成游人纷至之所。奈何20世纪60年代之后，乡人贪图眼前之利，凿石开山，使域内罕见的奇景破坏殆尽，只遗留一二，也恐消失。近年来，经济繁荣，社会发展，修复福庐之议时起，龙田镇政府倡导邑人捐资，已进行第一阶段修复，辟广场，造牌坊，建山门，植林木，建成乡人休闲之所，唯有毁坏的山石，已不可复得。

# 黄檗晨钟

县西南之黄檗山，林峦重复，为峰十有二，为潭有九，一潭最为骇目，潭水注自绝顶，悬瀑数十丈，若九天银河倾泻，声雷喷雨，如雾如烟，日光映之，恍惚诡怪。十二峰则罗列环拱，或以灵显，或以状名，争奇竞峭，各极其胜，山之寺建自唐，历明敕赐藏经，代有名释住持，行香云结，诵咒波诵，乃融中上刹也。凌晨气爽，山籁俱寂，疏钟一点，令人万虑澄空，飘飘乎若蜕身尘外然。

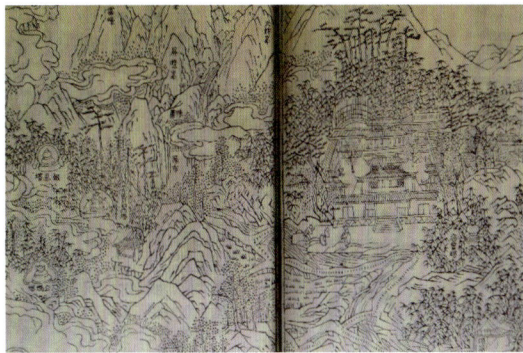

【原文识析】

黄檗山在渔溪镇梧瑞境内，山石嶙峋，林木苍郁，该山古时因盛产黄檗而得名。该山有十二峰，分别为佛座峰、香炉峰、吉祥峰、钵盂峰、五云峰、罗汉峰、紫薇峰、屏障峰、天柱峰、狮子峰、报雨峰和宝峰（另一说有十五峰，除上述外另有大帽峰、小帽峰和香炉峰）。石鼓、玉筋等九潭实在一溪之上下，统称"九渊潭"，其中以龙湫潭最胜，有瀑布曰"珠簾"，潭下有历代勒石数处，如"灵渊""潜龙""振鹭之瀑"等。传为希运禅师与唐宣宗赏瀑吟诗处。山间有寺称"万福寺"，俗称"黄檗寺"。唐名僧希运、鸿休，明名僧、费隐、隐元等均担任过该寺住持。明万历年间，叶向高曾奏请御赐藏经，清顺治年间隐元禅师东渡日本，剙黄檗宗，令古寺声名大振。

【今貌概说】

黄檗山十二峰依旧，万福寺香火最盛是今日黄檗山的写照。万福寺建于唐代，名噪宇内，然而历经千年天灾人祸，至20世纪50年代仅余一佛堂。20世纪80年代，由海内外信众捐资重兴黄檗，构建梵宫，现已具一定规模，是全国最早对外开放的16所佛寺之一。唯龙湫潭景观因来水量减少，其壮观已不似从前，但仍可领略古韵之一二。潭上有山溪直通大帽峰，峰巅有高山湿地一片，实为异数。

# 苍霞晚照

灵石之麓多古松，亘里许，与松曲折。或溪流横贯，接以小桥，林木稍疏，间以奇石，悉增游屐之趣，径尽，旧有亭，刻其石曰"苍霞"，盖朱晦翁所书也。进数十步，为俱眠院，老松环绕，当其朝旭初照，霞翠欲流，午日蔽云，炎景不入。适隙驹步促，西岫含晖，余霞散而成绮，松际凝似暮光，览胜前几欲挽羲和之驭，留药寸晷已。灵石之胜以此。

【原文识析】

灵石山，在东张镇境内，有九叠、留雪、报雨三峰合抱。佳古有香石，以手摩之留有香气，故得名。灵石之胜在于幽，固于林。山上山下林木荫蓊，遮天蔽日。虽立夏亦如深秋，凉风自山坡林间而过，令人神怡。山下有寺曰"俱低院"，建于唐代。宋代朱熹曾游于此，并题"苍霞"二字。

后人建亭纪念，曰"苍霞亭"，故又以苍霞别名灵石者。灵石晚照为灵石景之最美者。此时红日西坠，将入山右。满天彩霞，余晖染林，令人有力牵日头不忍坠落之想，真的是太美了！

【今貌概说】

灵石之胜，一在于林，群山上下有万亩次生林和人工林，其中数千亩次生阔叶林和人工林，其中数千亩次生阔叶林尤为珍贵。辅以溪流汩汩，山鸟啁啾，曲径通幽，实为天然氧吧，现已评为国家级森林公园。二在于寺，灵石寺建于唐代，盛于宋代，近代或衰。改革开放以来，寺僧精心营建，信众踊跃捐助，在基本保持古貌的基础上重修殿堂，成为福清市管理最好的佛教寺院之一，与灵石山国家森林公园一样为八方游客所乐展之处。

# 石峰竹雨

石竺众宠耸峙，高与天际，幽岩怪石，不可名状。昔传林真人炼丹于此，何氏九仙寓焉。游人登陟，盘旋而上，经仄路纡，旁历七十二景，至通天洞、状元峰，是为绝顶。骋目四望，觐沧海如杯勺，俯群山若培塿，灝气回合欲接太清，呼吸通帝座，不独华岳也然。山产藤萝，而筱竹为多，根盘石上，穿罅罅丛岩，着雨苍翠欲滴，特为山中之胜，山故固以得名。

【原文识析】

石竺山，俗称石竹山，有书为"石所山"者，是谣言而已！山以不可名状之幽岩怪石，根磐石上之藤萝筱竹而得名。其高耸入云接天，几乎与两岳华山比美。林真人，名炫光，邵武人，宋时曾在石竹山设灶炼丹，传丹成骑白虎白日上升，后留有伏虎岩、

丹井、半瓠等遗迹。关于何氏九仙传说有二：一为汉武帝时，有齐少翁者因巫鬼事得幸宠，九仙之文直谏其伪，九个儿子力止其父，不料日后少翁事败被诛，武帝封九仙之父官闽中，九仙遂入闽，并在于山（九仙山）、九鲤湖，石竹山修炼成仙。一为何氏九仙本是江西临川人，其父任侠与淮南王刘安交好，常在私下里议论谋反之事。九仙数劝其父与刘安疏绝，其父不听，九仙愤而离家入闽，历武夷山、九仙山、九鲤湖，最后成仙在石竹山显灵。石竹山有七十二景，其中虎迹岩、上升石、出来石、鹤影石、鸳鸯石（双鲤石）、朝斗石、棋盘石、伏虎石、罗汉石、摘星台、宝所石、翠屏石、龟蚨石、麒麟岩、普陀岩、通天洞、蟠桃洞、桃源洞、紫云洞、牛蹄洞（留题词）、日月洞、月牙洞、青龙洞、一线天、洗耳泉、无尽泉（仙泉）、濯缨泉、石空、丹灶、丹井等最为著名。极顶状元峰有蛎房石，上附蛎壳，为沧海桑田之让。山之半有寺，初为石所禅寺，后改灵宝观。历世为释道轮住之所，香火最盛，以祈梦最多。历代名人登临者众，明徐霞客有《游石竹山记》传世。

**【今貌概说】**

石竹山是福清开发最早的旅游区之一。早在20世纪七八十年代，就重修登山石阶、进山门景，后陆续修建九仙阁、观音殿、玉皇阁、土地厅及附舍，又新建文昌阁、大悬殿、三清殿及狮子岩之武母殿、迈天居等，宫殿群列布满山间，如琼楼玉宇。山上林木繁茂，野花老藤遍地，空气清新，十分宜人。山下有东张水库，万顷碧波，水上鲤鱼山若静若动，倍增游趣，是福清现时游客最多的4A级风景名胜区。

# 玉屿松涛

【旧志原文】

松籁为涛，比比皆然，曷取于玉屿？曰松多而韵异也。玉屿距县六十里，在版籍曰江阴。周围带海，四面襟山。绝顶有鸿休岩，以高僧得名。俯高环瞩，云涛接天。南望莆阳，壶公、天马诸山足供几席，洵伟观也。厥土纯白，多产松，四山殆满，而岳麓尤盛。山以海为息，松即以山为息，微风不动，潮流拥松山，洞洞杳杳，岩谷哈眩，松籁潮音，殊不可以几微辨也。间有游履至止，罕能知之，唯福清意远者，日坐其间，为能得其三昧。

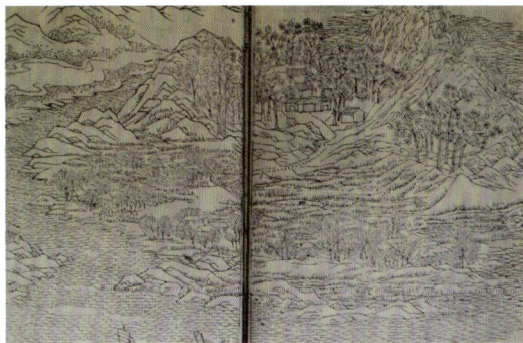

【原文识析】

江阴孤悬海上，原来是一座小岛。相传朱子南安赴任，经过福清宿棉亭（另一说蒜岭），夜见隔海对岸江阴岛上有山灿然如玉，故称"玉屿"。玉屿四周带海，海涛声自石于耳，加之古时古松甚多，风吹松动，其声与海涛互唱，确为一大奇观。

江阴有山曰白屿山（又称双箸山、琼田山），山之巅有鸿休岩。鸿休，唐代高僧，俗姓翁，江阴人，曾任黄檗寺住持，结庐于白屿山巅岩窦间。据载黄巢义军入侵黄檗寺，鸿休毅然匝出寺外，引颈待刀言"誓不污清净之地"。并斥以"龙头必败"，被杀，火化时得舍利七颗。

【今貌概说】

虽江阴古以松涛得名，但近百年来，乱砍滥伐，至20世纪初，已童山霍霍，仅见垒石。近50年来，邑人广植松木，间或种植其他树木，现松涛之声初显。而今，更乏人引以为豪的是江阴的开发已初具规模，江阴港巨轮进出频繁，工厂机器声轰鸣，实为江阴历史上之所罕见。而且邑人经商务工，收入猛增，遂大兴土木，构建屋宇，村村社社洋楼林立，俨然一座繁华都市，被誉为"全球农村房会第一镇"。

# 君 山 观 日

【旧志原文】

　　君山在海坛之东，高插云霄，诸山卑若臣仆，故名君山。若风静浪恬，东方未白，登眺峰头，紫润无际，音插云霄，诸山卑若臣仆，故名君山。若风静浪恬，东方未白，登眺峰头，紫阔无际，孤欲接扶桑而遥。少焉五色浮光，芒璀报煜，水溶漾有声，而火轮出浴矣。初若半圭，俄如转球，汹涌翻掀，射天门而直上。赫曦所映，万顷金波，令人目骇神荡。彼岱宗日观所睹，古今叹为奇绝者，当不过如是。

【原文识析】

　　海坛，今之平潭是也，古属福清辖，为牧放军马之场，明设海上里，居民多迁自福清。清嘉庆三年（1798）设厅，直属福州府，始与福清分割。岛东有君山，临台湾海峡，是观海上日出之佳处，几乎可与泰山观日台上观日媲美。

【今貌概说】

　　君山依旧，观日仍佳，平潭变化，日新月异，唯观石属福清，再列入"玉融十二景"似为不妥。与平潭隔海之万石山，有叶向高观日处，可代以为新玉融十二景之一也。

# 蜃海嘘云

【旧志原文】

县南迤前薛城，右与江阴山对峙，岛潮涨诵无垠。偶春秋间，岚晴气霁，海天凝碧，有光云浮发，与波摇漾者，则蜃楼是也。介见之，题沧海而陆，谛视之，见涛偃波纹，掀起悬空楼阁。横而接者跨虹，亘而环者列雉。龙马云车，缔其络绎，琪花玛树，清以鲜妍。光怪陆离，倏忽万状。观首间："若谓蓬阙神山，胡驾而来？"或曰："此老蚌嘘气也。"夫老蚌海多有之，此何独神变乃尔？噫！是殆岐阳玉屿间秀灵勃宰，神物国兴也乎！

【原文识析】

所谓蜃海嘘云，又称海市蜃楼，是一种光物理现象，乃光线穿过不同密度的空气层，发生显著的折射时，把远处景物显示在空中、地面或海面的奇异幻景。常发生在海边及沙漠地区。此景在我国山东省蓬莱县最为常见。《梦溪笔谈》记载："登州海中，时有云气，如宫室、台观、城堞、人物、东马、冠盖，历历可见，谓之'海市'。"古人认为这就是蓬莱仙山。江阴岐阳间海上偶尔有此奇景出观，实际上是自然造化，而并非老蚌吞云吐雾！

【今貌概说】

江阴岐阳间的水道是兴化湾东港水道，港阔波平，历来是内海渔业发达地区，现有大量近海养殖业，盛产鱼虾、贝藻。近几年因气候变暖，天气异常，出现海市蜃楼的机会较少，故许多50岁以下的人尚不知海市蜃楼为何物，不能不说是一件憾事。但自然现象，由天不由人，奈何不得啦！